돈이 왕이로소이다

Entretien avec
Karl Marx

돈이 왕이로소이다
마르크스와의 인터뷰

앙티 페냐 뤼즈 지음 | 이주영 옮김

솔

차 례

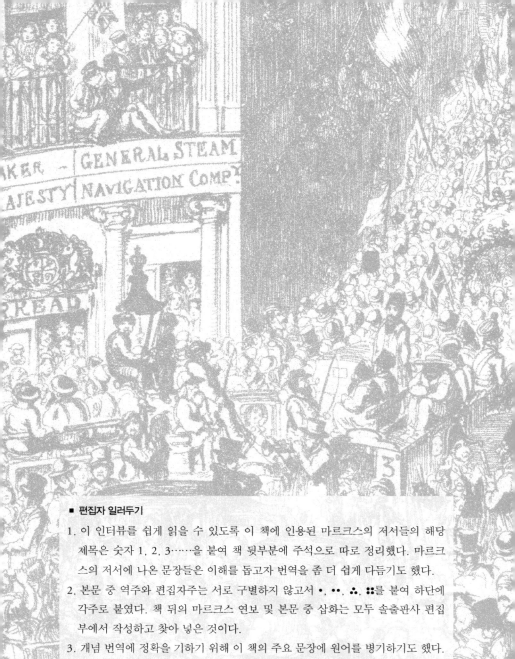

■ **편집자 일러두기**

1. 이 인터뷰를 쉽게 읽을 수 있도록 이 책에 인용된 마르크스의 저서들의 해당 제목은 숫자 1, 2, 3……을 붙여 책 뒷부분에 주석으로 따로 정리했다. 마르크스의 저서에 나온 문장들은 이해를 돕고자 번역을 좀 더 쉽게 다듬기도 했다.
2. 본문 중 역주와 편집자주는 서로 구별하지 않고서 •, ••, ∴, ∷를 붙여 하단에 각주로 붙였다. 책 뒤의 마르크스 연보 및 본문 중 삽화는 모두 솔출판사 편집부에서 작성하고 찾아 넣은 것이다.
3. 개념 번역에 정확을 기하기 위해 이 책의 주요 문장에 원어를 병기하기도 했다.

프롤로그

마르크스의 사상 혹은 '잘 알려지지 않은 걸작'

《 하늘에서만 평등해지고 싶지는 않다… 》

자본주의가 세계로 확대되면서 스탈린적 공산주의에 대한 풍자조차 사라진 지금이야말로 오히려 『자본론Das Kapital』의 저자 마르크스의 말을 다시 들어 볼 때다. 마르크스의 의견에 무조건 동조하자는 것이 아니라 마르크스를 제대로 소개하자는 것이다. 그것은 마르크스와의 인터뷰 형식으로 된 이 책이 추구하는 바이기도 하다.

자본주의가 세계를 지배하고 지배계급의 이익과 사람들의 무지가 맞아떨어져 마르크스의 사상은 한물갔다는 성급한 결론이 나오고 있지만, 아이러니컬하게도 자본주의가 세계로 뻗어갈수록 마르크스의 생각이 옳았다는 증거가 나오고 있으며 자본주의 시스템이 얼마나 비인간적인지가 분명히 드러나고 있다. 기존의 혁신적인 사상을 가진 사람들이 가진 기준으로는 눈치채기 어려운 교묘한 형태의 새로운 착취가 일어나고 있다. 이에 희생된 사람들은 그것을 몸과 마음으로 분명히 실감하고 있다. 노숙자와 불법체류자 같은 새로운 빈곤층이 풍요로운 사회 속의 빈곤이라는 잔인한 역설을 분명히 보여주고 있다. 한편, 마르크스에 대한 비판은 눈에 띄게 줄어들었지만 마르크스에 대한 잘못된 오해와 그의 사상에 대한 비논리적인 생각과 인용이 판을 치고 있다. 더구나 마르크스 사상에 대한 참고자료가 그리 많지 않은 상황 속에서 얼마 안 되는 그 참고자료들마저도 실제로는 마르크스를 풍자하는 시선을 보이고 있다. 이들 자료들도 마르크스 사상에 대해 무지하거나 마르크스 사상을 왜곡하고 있다. 아니, 무지와 왜곡을 동시에 보여준다 할 수 있다.

자극적인 주장들이 성급하게 나오다보면 해당 사상을 참을성 있게 이해하려는 태도를 갖기가 힘들어진다. 그 결과 마르크스는 어느새 스탈린처럼 독재를 옹호하는 인물로 왜곡되었다. 더욱이 한나 아렌트* 같은 저명한 사상가들조차 마르크스의 사상에 대해 왜곡된 시각을 글로 전하고 있다. 전체주의와도 같은 극단적인 분위기가 조성되어 모든 것을 아무렇게나 뒤섞거나 성급하게 일반화시키는 현상이 나타났다. 무엇 하나 자세히 알아보려는 진지한 태도는 찾기가 힘들다. 나치 이론과 유태인 학살은 폭압적이라는 공통점이 있지만 마르크스의 사상과 스탈린의 독재정치는 전혀 관계가 없고 추구하는 바도 완전히 다르다. 마르크스가 인간 해방을 옹호했다면

• Hannah Arendt(1906. 10. 14~1975. 12. 4). 독일 태생의 유대인 철학 사상가로 제2차 세계 대전 후 미국에서 활동했다. 전체주의와 사회의 악에 대해 통렬히 비판했다. 저서로는 『전체주의의 기원』, 『인간의 조건』, 『예루살렘의 아이히만』 등이 있다.

스탈린은 자신의 정권 유지를 위해 인민을 탄압했기 때문이다.

혼동과 왜곡을 막기 위해서는 마르크스와 스탈린이 다르다는 점을 분명히 알아야 한다.

어떤 역사학자들은 스탈린 체제의 권력 남용에 관한 책 제목을 『공산주의의 검은 책』[*]이라 이름 붙이면서 이상과 역사적인 현실 관계를 억측하게 만드는 불분명한 용어를 사용했다. 역사학자들은 자신들이 알고 있는 것을 객관적인 사실이라 생각하지만 실제 자료들을 살펴보고 객관적인 사실을 조사해 보면 역사학자들이 객관적인 사실이라 믿고 있는 것은 왜곡된 사실이라는 것이 드러난다. 예수 그리스도의 산상 설교에 감명 받아 그리스도교를 믿게 된 사람들이 그리스도교 박해를 당하며 결국 종교재판에서 이단으로 몰려 화형을 당했는데 이런 사실을 교묘히 왜곡해 그리스도교인들이 종교재판에서 화형을 당한 것은 전부 예수 그리스도의 산상설교 때문이라고 비약하는 『그리스도교의 검은 책』을 읽어본 적이 있는가? 아직 이런 책은 읽어본 적이 없다. 그런데 스탈린의 정치 수용소가 마르크스의 사상에 영향을 받았다는 억지 주장은 아무렇지도 않게 빈번하게 나오고 있다. 그러면서도 이에 대해 증명하는 자료는 없다.

사실, 마르크스는 개인과 집단의 해방을 주장하는 철학자였다. 실제로 마르크스는 평생 동안 인간과 인민의 자유를 위해 투쟁했다. 아일랜드, 폴란드를 비롯한 아브라함 링컨과 미국의 노예제도 폐지

---

[*] *Le livre noir du Communisme − crimes, terreur et répression*, ed. Stephane Courtois(Robert Laffont, 1997). 프랑스에서 발표된 공산주의의 이름으로 자행되었던 잔혹한 만행에 대한 종합 학술 보고서.

론자들과 적극적으로 뜻을 같이 한 것이 그 증거다. 마르크스는 프로이센 검열당국*에 맞서 언론의 자유와 여러 국가들이 지배-피지배 관계에서 벗어나 자립적으로 결정할 수 있는 권리, 그리고 진정한 민주주의를 지지했다. 파리 코뮌**의 정치적인 혁신을 지지한 마르크스의 태도가 이를 잘 뒷받침한다. 살아생전, 마르크스는 모든 형태의 독단과 개인숭배에 반대했다. "나는 마르크스주의자가 아닙니다." 이는 자신의 사상을 이용해 경직된 이론을 정당화하려는 사람들을 향해서 말년에 마르크스가 한 말이다. 마르크스는 프롤레타리아**가 진정 정부로부터 해방되려면 정부가 추구하는 목적만 바꾸지 말고 정부가 추구하는 방법까지 근본적으로 바꿔야 한다고 밝히면서 1848년의 『공산당 선언』**을 수정했다. 마르크스는 사회주의와 공산주의로 이어지는 사회의 발전 단계는 나라마다 다르다고 했고 그 때문에 러시아의 농촌 공동체는 특별한 예라고 강조했다. 칼 마르크스는 통찰력을 가져야 한다고 주장했고, 해방을 옹호했지 단 한 번도 독단적인 교리를 내세운 적이 없다.

　마르크스의 저서는 제대로 된 분석이 이루어지지 않았다. 많은 사람들이 편견에 갇혀 마르크스의 저서를 아예 읽지 않거나 읽는다

• 마르크스는 『라인 신문』의 편집장으로 일하는 동안 프로이센 검열당국과 충돌했고, 이로 인해 6개월 뒤 『라인 신문』은 발간이 금지되었다.
•• Commune de Paris. 1871년 3월 18일에서 5월 28일까지 시민과 노동자들의 봉기로 세워졌던 혁명적 노동자 정권.
∴ Prolétariat. 임금노동자 계급을 가리키는 말.
∷ '만국의 프롤레타리아여, 단결하라!'는 슬로건으로 맺어지는, 마르크스와 엥겔스가 공동집필한 과학적 공산주의의 강령적 문서. 1848년 프랑스 2월 혁명 직전에 발표되었고, 1872년에 수정되었다.

해도 제대로 이해하려는 노력을 하지 않기 때문이다. 발자크*가 이야기한 것처럼 '미지의 걸작'**인 셈이다. 사실, 마르크스는 자신의 저서에 만족한 적이 한 번도 없어서 늘 원고를 쓰고 또 고치는 일을 반복했다.

발자크의 멋진 단편소설 『미지의 걸작』에 등장하는 화가 프렌호 퍼의 그림처럼 완벽한 책, 바로 마르크스가 당시 착취당하는 사람들에게 안겨주고 싶은 책이었다. 마르크스의 저서는 화가가 끊임없이 고치기만 하고 정작 완성하지 못한 그림과 같다. 마르크스는 엥겔스**에게 보내는 편지에서 발자크의 작품에 찬사를 던졌다. 마르크스는 병이 깊어지고 기운이 떨어지자 원고를 완성하지 못할까봐 두려움에 사로잡혔다. 하지만 마르크스의 저서는 억압받는 사람들을 일깨우고 부당함에 저항하는 용기를 충분히 주었다고 볼 수 있다. 그 증거로 20세기의 노동자 투쟁과 이에 따른 성과는 칼 마르크스와 프리드리히 엥겔스가 자신들을 이해한 사람들에게 안겨 준 선물이라 할 수 있다.

분명, 마르크스는 자본주의 1세대를 살았던 인물이다. 자본주의 1세대는 신념이나 법 없이 무조건 자본을 모으기만 하던 시대였다. 인간에 대한 존중과 환경 보호 따위에는 관심 없이 무조건 돈만 빨

- Honore de Balzac(1799. 5. 20~1850. 8. 18). 19세기 프랑스 사실주의 선구자인 소설가. 저서로는 『인간 희극』, 『외제니 그랑데』, 『고리오 영감』 등이 있다.
- Le chef d'oeuvre inconnu. 1831년 오노레 드 발자크가 발표한 소설. 프렌호퍼라는 화가의 일기 형태로 구성되어 있다.
- Friedrich Engels(1820~1895). 마르크스와 함께 마르크스주의, 과학적 공산주의 이론, 변증법적 및 사적 유물론의 창시자이자 국제노동자 계급 운동의 지도자로 활동했다.

리 모으면 되는 시대였다. 노동자 투쟁과 이에 따른 결과로 사회에 어느 정도 합의가 이루어진 시기가 자본주의 2세대이며, 현재는 자본주의 3세대다. 자본주의 3세대는 금융이 신기루에 가까운 환상을 안겨주고 부의 편중을 심화시키면서 새로운 형태의 빈곤을 나타나게 하는 시기다.

또한 자본주의 3세대는 세계적으로 배금주의拜金主義mammonism$^•$가 판치고 인간은 사회의 이익을 위한 도구로 전락하고 있는 시기다. 마르크스의 저서『자본론』속에서 상품·돈·이자 낳는 자본(利子-資本, interest-bearing capital)·주식 투기로 경제의 현실감이 사라지는 현상을 묘사한 허구적 자본에 대해 다룬 장章들은 실제로 요즘 금융 자본주의의 폐해를 미리 점치기라도 한 듯하다. 앞으로 세계에서 금융과 주식 투기로 인한 부작용 같은 여러 가지 문제로 몸살을 앓을 것이라는 자본주의의 미래에 대한 예상이 이 저서에 이미 잘 나오고 있다. 인간에 대한 존중 없이 부를 생산한다는 생각은 사회를 망칠 것이나 자본가들은 아무런 책임을 지지 않을 것이라는 생각 역시 이 저서에서 분명히 다뤄지고 있다. 이익만을 추구하는 논리 속에서 환경이 파괴되고 수익성을 높여야 한다는 스트레스 때문에 사람들의 건강이 피폐해지며 사회적으로는 실업과 빈곤이 만연할 것이라는 생각 모두 이미 마르크스가 미리 내다 본 부분이다.

암담한 미래에 마음이 뒤숭숭해지자 갑자기 엉뚱한 생각 하나가 떠올랐다. 마르크스를 직접 만나보자는 생각이었다. 나는 마르크스

• 돈을 최고의 가치로 여기고 숭배하여 삶의 목적을 돈 모으기에 두는 경향이나 태도.

의 사상이 깊게 드러난 '미지의 걸작'에 대해 계속 생각했고 결국 마르크스를 제대로 이해하기 위해서는 직접 그의 목소리를 들어야 한다는 생각이 들었다.

무엇인가에 대한 생각에 집중하다 보면 환영幻影이 일어나는 법이다. 집착은 점차 심해져 생각을 실행에 옮기자는 마음이 커졌다. 마르크스를 만나면 하고 싶은 질문을 미리 생각해 전부 적었고 마치 마르크스가 앞에 있기라도 한 것처럼 질문들을 읽어갔다. 아마도 마르크스가 실제 살아 있었다면 자발적으로 나의 질문에 대답을 했을 것이다. 그러나 마르크스는 이 세상 사람이 아니기에 나의 질문에 대한 그의 답변을 들으려면 그의 저서들을 인용해야만 했다. 나는 그의 저서들에 나온 문장들을 큰소리로 다시 읽었다. 이렇게 하다 보니 실제로 마르크스와 인터뷰하는 기분이 들었다. 점점 우리 두 사람의 만남이 현실인 것처럼 느껴졌다. 나도 모르게 마르크스가 살았을 고통스러운 삶에 대해 생각했다.

마르크스와 만나기 위해 이제 영국으로 가야 할 시간이다. 1882년 1월 초. 나는 마침내 런던의 메이틀랜드 공원 곁에 위치한 마르크스의 집으로 가는 상상을 했다.

칼 마르크스는 혼자 있다. 그는 자신의 마지막 망명지인 이곳에서 나를 맞이해준다. 그는 추방을 당해 돈도 없고 보호막 없이 방황하며 말년을 고통 속에 살고 있었다. 더구나 마르크스는 1881년 12월 2일에 아내 예니•를 잃었다. 마르크스가 진심으로 사랑한 아내

• Jenny Marx(1814~1881). 결혼 전 이름은 예니 폰 베스트팔렌Jenny von westphalen. 독일 명문귀족가에서 나고 자랐다. 칼 마르크스와는 1843년 6월 19일 결혼했다.

예니는 단호하고 지조 있는 성품으로 마르크스와 함께 인간의 해방을 꿈꾸는 공산주의 동지이기도 했다. 예니는 마르크스의 손을 잡고 함께 투쟁의 길을 갔다.

두 사람 모두 정치적인 이유로 추방을 당한 후 망명지를 전전하며 희생하는 삶을 살았다. 두 사람은 가난 때문에 제대로 먹지도, 치료도 받지 못해 세 아이(귀도, 에드거, 프란치스카)를 저 세상으로 보내야만 하는 고통을 겪었다. 마르크스와 예니는 유복한 가정에서 태어났지만 억압받는 자들의 편에 섰다. 푸리에˙가 그러했듯이 마르크스와 예니도 가장 헐벗은 자들을 위해 사는 삶을 살았다. 몇 년 동안 파리 코뮌, 그리고 파리 코뮌이 진압된 '피의 일주일'˙˙ 이후에 마르크스 부부는 망명한 파리 코뮌 당원들에게 다양한 방법으로 도움을 주었다. 그야말로 형제애를 발휘한 셈이었다. 하지만 마르크스는 어려운 생활 조건 때문에 심신이 많이 약해졌다. 마르크스는 이제 겨우 예순셋밖에 안 되었지만 최근에 그를 만나본 사람들에 따르면 기력이 많이 떨어졌다고 한다. 그럼에도 불구하고 마르크스는 저술 활동을 계속했고, 위대한 저작물을 내놓기 위해 원고를 다듬었다. 『자본론』은 미완성의 걸작이다. 마르크스는 간혹 외로움을 호소하기도 했다. 그는 심신이 지쳤음에도 불구하고 자신의 저서를 읽고 인터뷰하고 싶어 하는 사람들을 기꺼이 만나 주었다. 그는 내가 올 것을 알고 있었고 내가 마음껏 인터뷰할 수 있게 시간을 내주

• Charles Fourier(1772~1837). 프랑스의 공상적 사회주의자로 사회주의를 가장 먼저 주장한 인물이다.
•• 베르사유 군대가 파리 코뮌에 대해 행한 공격.

었다.

　나는 마르크스가 『자본론』의 제1권의 집필을 끝낸 서재에 들어 갔고 나는 그의 앞에 앉았다. 우리의 첫 인터뷰는 밝은 빛이 비추는 서재에서 시작되었다. 그곳은 마르크스가 생각하고 책과 일기를 쓰 던 작업공간이다. 마르크스는 간혹 미소를 지었고 부당함과 위선에 대해 이야기할 때마다 분노했다. 마르크스의 영원한 벗, 프리드리 히 엥겔스의 사진 한 장이 뒤쪽 벽난로 위에 붙어있다. 엥겔스는 마 르크스가 생활을 하고 인간 해방 계획을 실천할 수 있도록 아낌없 이 재정 지원을 해주었다.

　생각이 같았던 마르크스와 엥겔스는 끈끈한 우애를 느끼며 함께 행동했다. 나는 두 사람에게 여러 가지 질문을 하고 싶었다.

　마르크스는 자신의 대답에 대한 동의를 구하려는 듯 친구 엥겔스 의 사진을 자주 처다봤다. 그것은 감동적인 장면이었다. 마르크스 와 엥겔스는 저서를 공동 집필하는 경우가 많았고 타파해야 할 세 상과 앞으로 만들어 가야 할 세상에 대해 공동 저서에서 소리 높여 말하고 싶어 했다. 모든 인생의 의미가 여기에 있었다. 나는 목이 메여왔다.*

* 칼 마르크스의 저서와 그의 이야기를 깊이 분석하고자 『어쨌든 마르크스Marx quand même』의 원고를 플롱 출판사에 보내 2012년 9월에 출간했다.

불어판 편집자 노트

여러분이 읽게 될 저자와 마르크스의 인터뷰는 실제가 아닌 상상이다. 하지만 거짓으로 지어낸 내용은 하나도 없다! 저자 앙리 페냐 뤼즈에게 칼 마르크스가 한 대답은 실제로 생전에 마르크스가 했던 말이다. 아무리 상상 속 인터뷰라 해도 마르크스의 저서들을 기반으로 했기 때문이다!

특히 마르크스의 사상을 정확하게 소개하는 데 공을 들였다. 질문들을 통해 편견에 묻혀 제대로 분석이 이루어지지 않은 마르크스의 저서들을 더 쉽게 이해할 수 있다. 이 상상 속의 인터뷰는 참을성 있게 끼워 맞춘 퍼즐처럼 논리적으로 이루어져 있고 절대로 마르크스가 한 적 없는 말과 글은 전혀 들어있지 않다. 사람들은 마르크스를 스탈린과 혼동하는 경우가 많은데 두 사람은 완전히 다른 사상을 추구했다. 인간을 억압하려 한 스탈린과 달리 마르크스는 자본주의의 세계화를 예상했고 배금주의, 인간의 고통, 종교, 착취, 연대 의식에 대해 생각한 인물이다.

노동, 소유 혹은 부에 대해 다른 방법으로 생각해보고 관념론자들, 무분별한 이윤추구로 인한 환경 파괴, 실업 문제로 인한 사회적 비용에 대해 비판적인 시각을 가지면서 우리가 현재 살고 있는 세상에 대해 근본적으로 생각해 볼 시간을 가져보자.

마크 르카프팡티에

첫번째 인터뷰

돈이 왕이로소이다

앙리 페나 뤼즈 안녕하십니까, 마르크스 선생님. 이렇게 만나 뵙게 되어서 정말 기쁩니다. 선생님께서는 요즘 세상 돌아가는 모습을 보며 분노하는 사람들에게는 위대한 상징적인 존재이십니다! 현재 자본주의가 세계를 지배하고 있고, 그에 따라 배금주의가 판을 칩니다. 자본주의 사회에서는 돈과 사람의 관계가 어떻게 나타나고 있습니까?

칼 마르크스 돈만 있으면 무엇이든지 살 수 있고 좋은 것을 뭐든지 손에 넣을 수 있습니다. 돈은 막강한 힘을 안겨주죠. 따라서 돈은 전지전능하다 할 수 있습니다. 돈은 필요한 물건을 손에 넣게 해주고 인간이 살아가는 데 필요한 것을 마련하게 해줍니다. 돈은 내가 살아가는 데 필요한 것을 마련해 주는 수단일 뿐만 아니라 다른 사람들의 삶을 내 마음대로 좌지우지하는 수단이 되기도 합니다. 돈으로 다른 사람을 나의 소유물처럼 삼을 수 있게 되는 것입니다.

(마르크스는 일어나 괴테의 저서에서 발췌한 구절을 암송한다)

"이런! 손과 발

머리와 엉덩이, 물론 그것들은 당신의 것이오.

그렇다고 내가 생생하게 즐기는 것들은 어찌

내것이 아니란 말이오?

내가 여섯 마리의 말을 돈 주고 산다면,

그 말들의 힘은 내 것이 아니겠소?

나는 마치 스물네 개의 다리를 가진 양,

질주하는 강한 대장부일 거요."

— 괴테, 『파우스트』*(메피스토펠레스)[1]

뤼즈 셰익스피어 역시 희곡 『아테네의 타이먼』에서 돈을 신랄하게 비판한 적이 있습니다…(마르크스는 계속 서 있고 이번에는 돈에 관한 셰익스피어의 비판을 암송한다)

마르크스 "황금, 노랗게 반짝이는 귀한 황금! 하늘의 신이여! 아뇨, 제가 괜히 투덜거리는 것이 아닙니다. 조금의 황금만 있으면 검은색도 흰색으로 만들고 못생긴 사람도 아름답게 만들고 부당한 것도 정당한 것으로 만들고 천박한 것도 고귀한

• Johann Wolfgang Goethe(1749. 8. 28~1832. 3. 22). 독일의 시인, 극작가, 정치가, 과학자. 그의 대표작 『파우스트』는 지식과 학문에 절망한 노학자 파우스트 박사와 그를 유혹하는 악마 메피스토펠레스의 이야기를 그리고 있다.

것으로 만들고 늙은 사람도 젊은 사람으로 만들고 비겁한 사람도 용감한 사람으로 만들 수 있죠. 황금은 사제와 신자들을 신을 모시는 제단에서 점차 멀어지게 할 수 있습니다. 황금은 죽어가는 사람들도 벌떡 일어나게 하고 맹세를 받아 내거나 깨뜨리게 할 수도 있으며, 저주받은 사람들을 숭배의 대상으로 만들고 나병환자들도 멋진 숭배 대상으로 탈바꿈시키며 도둑들에게는 상원 의원 못지않은 지위와 칭호, 그리고 명예와 찬사를 갖게 할 것입니다. 황금만 있으면 과부도 슬픔을 걷어내고 재혼할 수 있습니다. 황금을 가진 과부는 모든 것을 치료해주는 병원으로 가서 가슴을 봉긋하게 만드는 수술을 받을 수도 있습니다. 황금은 향수처럼 향긋한 4월의 봄을 다시 만들어주죠. 저주받을 금속이여, 그대는 인간을 비참하게 하고 군중을 모욕하는 창녀로다."

(마르크스는 다시 자리에 앉더니 내게 미소를 짓고는 짧은 코멘트를 하나 던진다. 나보고 분석해보라는 뜻인 것 같다)

셰익스피어는 돈의 본질을 완벽하게 묘사하고 있습니다.[2]

뤼즈 정말 대단합니다! 결국 괴테와 셰익스피어는 다른 시대를 살았지만 같은 생각을 하고 있는 것 아닙니까? 모든 인간관계가 돈으로 좌지우지되는 것을 비판하고 있는데요.

마르크스 먼저 괴테의 구절부터 설명해보죠. 돈 덕분에 내 것이 된다는 것은 내가 그 대상을 살 수 있다는 의미입니다. 즉 돈이 있으면 구매력이 생깁니다. 내 자신이 돈이 되죠. 돈을 가진 사람이 되는 것입니다. 돈을 가지면 나의 힘이 돈의 힘만큼 커집니다. 돈이 가진 힘을 내가 갖게 되죠. 내가 돈을 소유한 사람이 되니까요. 따라서 이때는 나의 존재와 능력이 나의 성격으로 결정되지 않습니다. [⋯] 나는 돈을 통해서 인간이 마음속으로 열망하는 모든 것을 할 수 있습니다. 이렇게 되면 내 자신이 모든 인간의 힘을 가지는 것 아니겠습니까? 그러므로 내가 갖고 있는 돈은 무능력했던 나를 능력 있게 바꾸는 것 아닙니까? 돈이 나를 인간다운 삶, 사회, 자연, 인간과 연결해주는 매개체라고 보면 돈은 모든 관계를 연결해주는 존재가 아닐까요? 결국 돈이 모든 관계를 맺고 끊게 할 수 있는 것 아닐까요? 이렇게 봤을 때 돈은 보편적으로 이별을 부르는 수단이 아닐까요? 반대로 돈은 진정으로 관계를 탄탄하게 해주는 수단입니다. 보편적으로 봤을 때 탄탄한 관계야말로 사회를 유지시켜주는 강력한 힘입니다.[3]

뤼즈 황금에 대한 셰익스피어의 비판과 자본주의 사회에 만연한 배금주의를 비판적으로 바라보는 선생님의 분석은 비슷한 논리라고 할 수 있지 않습니까?

마르크스 셰익스피어는 특히 돈이 가진 두 가지 특징을 강조합니다. 우선, 돈은 눈에 보이는 신이라 부를 수 있을 정도로 인간과 자연의 모든 특징을 완전히 바꾸어놓는 힘을 갖고 있습니다. 돈은 모든 것을 혼란과 부패로 몰아가고 불가능한 것을 가능하게 만듭니다. 그리고 돈은 인간과 인민의 보편적

유녀遊女이고 국제적인 뚜쟁이입니다. 돈은 인간과 자연을 타락시키고 혼란스럽게 만들며 불가능을 가능하게 만든다는 점에서 신과 같은 절대적인 힘을 가졌다고 할 수 있습니다. 그러나 동시에 돈은 인간이 만든 것이므로 이 모든 것은 인간이 가진 힘이기도 합니다. 돈은 인간의 광기어린 힘이라 할 수 있습니다.[4]

뤼즈 교역이 세계적으로 이루어지고 있고 경쟁 역시 세계적으로 점차 치열해지고 있습니다. 이와 함께 위에서 언급하신 돈으로 인한 폐해도 세계적으로 보편적인 현상이 될 것이라 보십니까?

마르크스 돈은 전 세계적으로 인간과 사회를 왜곡시키는 수단이자 힘입니다. 돈은 상상했던 것을 현실로 이뤄주기도 하고 현실의 꿈을 헛된 꿈으로 만들어 주기도 하는 수단이자 힘입니다. 돈은 인간이 실제로 지닌 타고난 잠재력을 단순히 추상화시키고 이룰 수 없는 헛된 공상으로 만들어버리기도 하고 개인이 머릿속으로만 상상하던 공상과 능력을 실제 사용할 수 있는 힘으로 만들어 주기도 합니다.[5]

뤼즈 실제로 돈이 모든 것을 타락시킨다고 보십니까?

마르크스 돈은 지조 있는 사람을 불성실한 사람으로, 사랑을 증오로, 증오를 사랑으로, 미덕을 악덕으로, 악덕을 미덕으로, 시종을 주인으로, 주인을 시종으로, 백치를 지성인으로, 지성인을 백치로 만들 정도로 강력한 힘을 갖고 있습니다.[6]

뤼즈 배금주의가 판을 치며 진짜와 가짜, 현실과 공상이 뒤바뀌는 상황에서 철학이 해야 할 일은 무엇이라 보십니까?

마르크스 역사에 도움을 주는 철학이라면 모든 것을 체념한 인간에게 현실적이고 구체적인 비판 능력을 키워줘야 합니다. 이렇게 되면 하늘에 대한 비판이 지상에 대한 비판으로 변하게 되고, 종교에 대한 비판이 권리에 대한 비판으로, 신학에 대한 비판이 정치에 대한 비판으로 변합니다.[7]

뤼즈 선생님께서는 체제를 옹호하는 수단으로 전락해버린 경제학을 신랄하게 비판하며 사람들의 의식을 일깨우기 위해 오랫동안 노력하셨습니다. 그렇지 않습니까?

마르크스 경제학은 인간관계와 합리적인 관계를 위해서 사유재산이 필요하다고 말하지만 이는 오히려 경제학의 기본 가정과 모순이 됩니다. 사유재산은 개인주의를 낳습니다. 비유하자면 신학자가 종교 사상을 인간적인 관점에서 해석함으로써 기본적인 가정을 무시하는 모순을 저지르는 것과 같습니다. 원래 종교는 인간 초월적인 성격을 가지기 때문에 인간적인 관점에서 해석할 수 없죠.[8]

뤼즈 하지만 고전 경제학은 적어도 체제를 옹호하는 이데올로기에서는 벗어난 것 같습니다. 그렇지 않습니까?

마르크스 저는 윌리엄 페티[*] 이래로 부르주아[**] 사회에서 실제로 이루어지는 긴밀한 생산관계를 탐구하는 모든 경제학을 속류 경제학과 대립시켜 고전파 경제학이라고 부릅니다. 속류 경제학은 피상적인 것(겉으로 보이는 것)을 그럴듯하게 포장하고, 이전에 부르주아 계급이 이미 제공한 재료들을 필요에 따라 끊임없이 재활용하고, 자신들의 세계를 가장 좋은 것으로 생각하는 부르주아 계급의 허황된 생각을 현학적으로 치켜세우고, 이 같은 허황된 생각을 영원한 진리라고 선언해 줄 뿐입니다.[9]

뤼즈 경제학이 이데올로기에서 완전히 해방되지 못했다는 지적을 많이 하셨는데, 이에 대한 대표적인 예가 있다면요?

마르크스 경제학자들이 특별히 취하는 방법이 있습니다. 경제학자들은 두 가지 종류의 체제만 있다고 보는데, 하나는 인위적인 체제이며, 또 하나는 자연적인 체제입니다. 봉건 체제封建體制⁕⁕는 인위적으로 만들어진 것이고 부르주아 체제는 자연적으로 생겨난 제도라는 것이죠. 이런 점에서 경제학자들은 신학자들과 비슷합니다. 신학자들 역시 종교를 두 가지로 분류하는데 하나는 타 종교이고 또 하나는 자신이 믿는 종

• William Petty(1623. 5. 26~1687. 12. 16). 영국의 경제학자. 중농주의의 선구자로서 노동 가치설을 주장하였으며, 그가 지은 『정치산술政治算術』에서 사회 경제를 통계적으로 설명하려고 하였다.
•• bourgeoisie. 중세 유럽의 도시에서 성직자와 귀족에 대하여 제삼 계급을 형성한 중산 계급의 시민을 이르는 말로, 근대 사회에서는 자본가 계급에 속하는 사람을 이르는 말로 쓰였다.
⁕⁕ feudalism. 자본주의에 앞서서 존재했던 영주와 농노 사이의 지배·예속관계가 기조를 이룬 생산체제.

교입니다. 신학자들은 타 종교는 모두 인간이 만든 인위적인 것이며 자신이 믿는 종교만이 신에게서 직접 나온 자연스러운 종교라고 합니다. 한마디로 자신의 종교는 정통성이 있지만 타 종교는 정통성이 없다는 것이죠.[10]

뤼즈 돈과 인간의 이익이 대립된다는 것을 다루는 경제학 역시 과학적인 객관성이 있어야 한다고 봅니다. 어떻게 생각하십니까?

마르크스 경제학 분야의 경우, 특히 자유롭게 이루어지고 과학적인 근거를 내세우는 연구는 반발하는 적을 많이 만들게 됩니다. 경제학이 다루는 주제는 인간의 마음속에 있는 강렬하고 천박하며 증오를 불지를 수 있는 욕망에 관한 것입니다. 즉, 개인 이익과 관계된 탐욕을 다루죠. 예를 들어 영국 성공회는 교회와 성직자의 수입을 조금이라도 비판한 사람보다는 「39개 신앙 조항」* 중 서른여덟 번째 조항**을 비판한 사람을 더 쉽게 용서할 것입니다. 마찬가지로 요즘은 오래 전부터 내려온 소유 제도를 비판하는 것보다 차라리 무신론자라고 이야기하는 것이 더 쉽게 용서받을 수 있습니다.[11]

뤼즈 경제학은 임금에 대해 어떤 식으로 접근합니까?

마르크스 경제학에서 최초 임금은 생산적인 노동에 지불되는

• 1556년 발표된 영국 성공회의 신학적 선언을 담은 문서.
•• '그리스도인의 부와 재산은 그 권리와 명칭과 소유에서, 재세례파再洗禮派anabaptists 사람들이 거짓되고 과장하여 말하는 것처럼 공유물이 아니다. 그러나 사람들은 모두 그 소유물을 가지고서 자신의 능력에 따라 자유롭게 가난한 사람을 구제해 주어야 한다.'

:: **〈직업선택에 있어서의 한 젊은이의 성찰〉** 마르크스의 김나지움 졸업논문(1835).

"…우리는 우리 자신이 천직이라고 믿는 위치를 항상 차지할 수는 없다. 사회 속에서의 우리의 관계들은, 우리가 그것들을 결정할 만한 위치에 서기도 전에, 이미 어느 정도 시작되어 있다. (…) 그러나 위치선택에 있어서 우리들을 이끌어야 하는 지침은 인류의 안녕, 즉 우리 자신의 완성이다. (…) 자신의 완성과 동시대의 안녕을 일치시킬 때만이 자기 실현이 가능하도록 되어 있다."

몫을 의미합니다. 임금과 보너스는 겉보기에는 매우 화기애
애하며 인간적인 관계를 유지시켜줍니다. 서로 필요한 것을
주고받는 것이니까요. 그러나 이후 관계는 점차 대립각을 세
우는 방향으로 변합니다. 처음에는 생산비용과 사회적인 용
도에 따라 임금이 합리적으로 정해져 문제가 없었지만 점차
임금이 객관적인 이유 없이 납득하기 힘든 기준으로 정해지
면서 문제가 발생하게 된 것입니다.[12]

뤼즈 이러한 조건에서 고용자와 노동자의 자유로운 계약은 어떻게
변했습니까?

마르크스 처음에 임금의 액수는 어디에도 얽매이지 않은 자유로
운 노동자와 자유로운 자본가의 자유 협약으로 정해졌습니
다. 하지만 이후, 노동자는 임금의 액수를 스스로 정하는 것
이 아니라 정해진 대로 받아야 하는 상황에 처하게 되었고
자본가는 노동자의 임금을 가능한 적게 주어야 하는 상황이
되었습니다. 계약 당사자들 간에 자유 대신 구속이 자리 잡
게 됩니다. 무역과 경제학의 다른 관계 역시 마찬가지의 길
을 걷게 됩니다.[13]

뤼즈 사유재산에 대한 이야기를 하시면서 노동으로 얻은 사유재산
이 아니라 생산수단의 사유화를 주로 언급하셨는데, 경제학은 이
두 가지를 구분하고 있지 않습니까?

마르크스 원칙적으로 사유재산은 크게 두 가지로 나뉘지만 경제

학은 이런 구분을 무시하고 단순히 뒤섞으려고 합니다. 자신의 노동으로 모은 사유재산과 다른 사람의 노동을 통해 얻는 사유재산은 엄연히 다른 개념입니다.[14]

뤼즈 역사적으로 시대마다 소유와 사회관계의 성격은 서로 긴밀한 관계에 있습니다. 이에 대해 설명해 주시겠습니까?

마르크스 예를 들어 프랑스 혁명으로 봉건제도가 무너지고 부르주아 계급이 득세하게 되었습니다. 공산주의는 일반적인 소유물 전체가 아닌, 부르주아 계급의 소유관계를 무너뜨리려는 사상입니다. 근대의 사유재산은 곧 부르주아 계급의 소유물을 가리킵니다. 하지만 부르주아 계급의 사유재산은 그야말로 계급 사이의 대립, 서로에 대한 착취를 기반으로 하는 생산 및 소유 방식입니다.[15]

뤼즈 그러니까 소유 문제는 지켜야 할 이익(밥그릇 지키기)과 관계되기 때문에 이데올로기가 큰 위치를 차지하는군요. 공산주의자들은 개인이 가진 것을 빼앗으려 한다고 비난하는 사람들에게 뭐라고 대답하고 싶으십니까?

마르크스 우리가 여러분의 사유재산을 없애 버릴까봐 두려운 거군요. 하지만 여러분이 살고 있는 현대사회에서 십분의 구에 해당하는 사람들은 가진 것이 없습니다. 여러분이 가지고 있는 것이라면 나머지 십분의 구가 갖지 못한 것일테죠. 따라서 우리가 여러분이 가지고 있는 것을 빼앗으려 한다고 비난

하지만 우리는 오히려 사회 구성원 대다수가 빼앗긴 것을 되찾아주려고 하는 것뿐입니다.[16]

뤼즈 사실, 사회의 쟁점은 사유재산의 경제적인 문제와 관계됩니다. 공산주의에 대해 근거 없는 공포를 불러일으키는 신화에 대해서 어떻게 반박하고 싶으십니까?

마르크스 공산주의는 사람들이 가진 것을 모두 빼앗으려는 것이 아닙니다. 타인의 노동을 착취함으로 생기는 개인적인 이득을 챙기지 못하게 하자는 것입니다. 사유재산을 없애면 모든 활동이 중단되고 그 결과 전 세계에 게으름이 판칠 것이라고 비판하는 사람들이 있습니다. 〔…〕 만일 이 주장이 맞는 것이라면 부르주아 사회는 이미 오래 전에 게으름으로 사라졌어야 합니다. 부르주아 사회야말로 일하는 사람들이 돈을 버는 것이 아니라 돈을 버는 사람들이 일하지 않는 구조이기 때문입니다.[17]

뤼즈 사회적인 쟁점이 과학적인 분석과 충돌하는 것을 보니 놀랍습니다. 경제학도 세분하면 아주 다양하지 않습니까?

마르크스 경제학자들도 이런 모순을 느끼고 있습니다. 그리고 이러한 모순이 커지면서 경제학자들 사이에서도 논쟁이 커지고 있습니다. 하지만 자세히 살펴보면 경제학자들 스스로가 사유재산에 대해 어느 정도 비판을 가하고 있습니다. 합리적으로 정해진 임금, 가격, 무역이 사유재산으로 인해 왜

곡되고 있다고 보는 것입니다.[18]

뤼즈 왜 경제학자들은 모든 것을 가치 판단 관점에서 생각한다고 보십니까?

마르크스 경제학자들은 경제에서 '인간적인 요소'가 중요하다고 할 때가 있습니다만, 경제가 지나치게 잘못된 방향으로 갈 때에만 예외적으로 잠깐 이렇게 주장합니다. 하지만 평소 경제학자들은 경제를 인간과 철저하게 구분지어 생각합니다. 이것이 모순인데 정작 경제학자들은 이를 모른 채 서로 논쟁하기 바쁘죠.[19]

뤼즈 아나키즘*을 주장한 프루동의 성과 중 하나가 사유재산을 강도 높게 비판하고 경제학의 실체를 알려준 것 아닙니까?**

마르크스 지금까지 경제학은 여러 나라마다 사유재산을 통해 나오는 부를 출발점으로 삼았습니다. 경제학은 부를 얻으려면 사유재산이 필요하다고 했으나 프루동은 이와는 반대의 입장에서 출발합니다. 프루동은 경제학이 궤변을 늘어놓으며 진실을 왜곡한다고 비판했는데, 사유재산이 오히려 빈곤을 야기하므로 사유재산이 꼭 필요한가 반문합니다. 무엇보다도 사유재산이 비판을 받는 이유는 말이 안 될 정도로 모순

• anarchism. 모든 정치조직 및 권력을 부정하는 사상 및 운동.
•• Pierre Joseph Proudhon(1809. 1. 15~1865. 1. 19). 프랑스의 아나키즘 사상가이자 사회주의자.

적인 특징 때문입니다. 사유재산은 소유와 풍요를 보장해주
어야 하는 것이 맞는데 오히려 사유재산이 발달할수록 빈곤
함과 비참함의 문제가 나타나기 때문입니다.[20]

**뤼즈 경제학은 객관적인 학문이라고 분명히 말하기가 어려운데요,
이에 대해 어떻게 보십니까?**

마르크스 경제학자들은 어떻게 보면 운이 없는 사람들이라고 할
수 있습니다. 경제학자들은 사실, 순수 경제학*을 할 수 있게
해주는 사회 환경을 그리워했습니다. 하지만 순수 경제학을
하려면 부르주아 사회의 영역을 벗어나야 합니다. 경제학이
부르주아적인 시각을 가지게 되면 객관적인 학문이 될 수 없
습니다. 즉 자본주의 질서를 역사가 발전해 가는데 생겨나는
과도기적인 과정으로가 아니라 사회적인 생산을 유도할 수
있는 절대적인 형태로 보는 것이 부르주아적인 시각입니다.
경제학이 객관적인 학문이 되려면 자본주의 질서가 계급투
쟁의 가능성을 안고 있다고 보거나 계급투쟁의 사례를 하나
하나 독립적인 사안으로 봐야 합니다.[21]

**뤼즈 특정 국가의 예 혹은 역사적인 예로는 어떤 것을 들 수 있습
니까?**

마르크스 영국을 예로 들어보죠. 계급투쟁이 아직 전개되지 않

• 경제 현상의 구조와 그 변동의 법칙을 순수한 경제 요인에 의하여 연구하려는 학문.

은 고전 경제학의 시기인 영국을 봅시다. 고전 경제학을 마지막으로 대표하는 인물인 리카도˙는 계급의 이익 충돌, 임금과 이윤 사이의 대립을 출발점으로 삼아 연구한 최초의 경제학자입니다. 실제로 부르주아 사회를 이루고 있는 계급이 존재하는 한 계급의 이익은 충돌할 수밖에 없습니다. 그런데 리카도는 계급 이익의 충돌은 인간사회에서는 늘 발생할 수밖에 없는 자연의 법칙과 같다고 했습니다. 이것이 부르주아 경제학의 한계입니다. 그래서 스위스 경제학자 시스몽디˙˙는 리카도가 살아있을 때 그를 직접 비판하기도 했습니다.[22]

뤼즈 모든 경제학자들과 그들의 예측을 알고 계시다니 대단합니다. 법학과 철학을 공부하시다가 어떤 계기로 경제학을 연구하게 되셨는지 말씀해주시겠습니까?

마르크스 철학과 역사가 주전공이고 부전공으로 법학을 공부했습니다. 1842년에서 1843년까지『라인 신문Rheinische Zeitung』˙˙의 주필을 맡으면서 소위 '물질만능주의'라는 문제에 대해 직접 의견을 내야겠다는 생각을 처음으로 하게 되었습니다. 목재 절도 사건과 부동산 투자에 대한 논의, 독일 모젤 지방 농부들의 비참한 상황에 관한 논쟁, 자유무역˙˙˙과 보

• David Ricardo(1772~1823). 영국의 경제학자로 고전 경제학의 완성자로 알려져 있다.
•• Jean-Charles-Léonard Simonde de Sismondi(1773~1842). 스위스의 역사가이며 경제학자로 프랑스 고전 경제학을 최후로 대표하는 인물.
∴ 독일 라인 지방에서 발행되었던 반反정부 기관지.
⁝⁝ 국가가 외국무역에 아무런 제한을 가하지 않고 보호와 장려도 하지 않는 무역.

호주의*에 관한 토론을 보며 경제 문제를 다뤄야겠다고 마음 먹었습니다.[23]

뤼즈 경제 문제를 연구하시면서 어떤 계기로 사회 문제도 생각하게 되셨는지 궁금합니다.

마르크스 당시 『라인 신문』에는 프랑스 사회주의와 공산주의에 대한 철학적인 글이 실렸습니다. 〔…〕 궁금한 점을 풀고자 우선 헤겔**의 『법철학』을 비판적인 시각으로 다시 살펴보았습니다. 『헤겔 법철학 비판』의 「서문」은 1844년 파리에서 출간된 『독불연보 獨佛年譜Deutsch-Französiche Jahrbücher』***에 실린 적이 있습니다. 저는 연구를 거듭하면서 법적 관계와 정부의 형태는 그 자체로 이해할 수 없고 인간 정신의 발전과정으로도 이해할 수 없으며, 오히려 반대로 물질이 존재하게 된 조건에서 그 뿌리를 찾아야 한다는 것을 알았습니다. 이에 대해 헤겔은 18세기의 영국과 프랑스의 예를 들며 '시민 사회'라는 이름으로 전부 이해했습니다. 그리고 저는 연구를 통해 시민 사회는 경제학 속에서 분석해야 한다는 결론을 얻었습니다.[24]

• 외국산 양질의 제품이 싼 값으로 대량 들어올 때 자국의 산업을 보호하기 위한 생각이나 방침.

•• Georg Wilhelm Friedrich Hegel(1770~1831). 독일 관념론 철학을 완성시킨 근세의 체계적 형이상학자로 저서 『법철학』은 인간의 구체적인 삶을 대상으로 하는 실천철학을 담고 있다.

∴ 마르크스와 루게(Arnold Ruge, 1802~1880)가 1844년 파리에서 출판한 잡지.

뤼즈 경제를 결정하는 요인과 사회를 결정하는 요인을 분석하시면서 연구 대상을 새로 정하셨습니다. 즉, 구체적인 현실을 연구하는 방향으로 연구 대상을 바꾸셨는데, 어떤 방법으로 연구를 하십니까?

마르크스 개념은 수많은 규정들의 총체 즉 다양성의 통일이기 때문에 구체적입니다. 이 구체적인 개념이야말로 진정한 출발점입니다. 이는 또한 직관과 표상의 출발점이기도 한데, 직관과 표상과 같은 사유 속에서의 구체적인 개념은 출발점이 아니라 총체의 과정이나 결과로 나타납니다.[25]

뤼즈 접근 방법 면에서 선생님과 헤겔은 어떻게 다릅니까?

마르크스 추상적인 개념을 구체적으로 이해하려면 구체적인 예시가 필요합니다. 구체적인 개념이 저절로 만들어지지 않습니다. 예를 들어, 경제의 기본 요소에 속하는 '교환가치'라는 추상적인 개념을 이해하려면 교환가치에 필요한 구체적인 예를 떠올리면 됩니다. 바로 교환의 주체인 인구, 정해진 조건에서 생산하는 인구, 그리고 교환이 이루어지는 가족, 마을, 국가 등이 필요합니다. 그러면 교환 가치를 구체적으로 이해하게 됩니다.[26]

뤼즈 예를 들어 노동이 일반적인 개념concept général으로 자리잡게 된 결정적인 과정은 무엇입니까?

마르크스 이에 대해서는 애덤 스미스가 큰 발전을 이루어냈죠.

애덤 스미스는 부를 창출하는 활동으로써 다른 요소는 모두 배제하고 오직 노동만 고려했습니다. 즉, 제조 노동, 상업 노동, 농업 노동을 따로 구분하지 않고 모든 노동을 하나로 묶어서 생각했습니다. 부를 창조하는 추상적인 활동, 부를 규정하는 대상을 모두 노동으로 보았고 생산물은 모든 노동의 결과물 즉 상품처럼 전락한 노동이 만들어낸 결과물로 보았습니다.[27]

뤼즈 이 같은 개념이 만들어진 것은 실제 역사에서 비롯되었다고 보시는데, 이와 관련해 좀 더 설명해 주시겠습니까?

마르크스 특정 종류의 노동에 대한 편견이 없으려면 우선 실제로 존재하는 모든 종류의 노동이 우열 없는 상태가 되어야 합니다. 즉 가장 일반적이고 추상적인 개념이 탄생하려면 공통적인 속성이 있는 구체적인 예가 가능한 풍부하게 나와야 합니다.[28]

뤼즈 과학 사상처럼 개개인의 집단 혹은 개인 단독이 해내는 활동을 포함해 인간 활동은 사회적인 관계를 통해 이루어진다고 강조하셨는데요, 그렇기 때문에 개인주의 허상을 '로빈슨 크루소 이야기'[**]로 부르며 냉소적으로 보시는 겁니까?

• Adam Smith(1723. 6. 5~1790. 7. 17). 스코틀랜드 출신으로 도덕철학자이자 경제학자이다. 대표 저서로는 『도덕감정론』, 『국부론』이 있다.
•• 영국의 작가 대니얼 디포(Daniel Defoe, 1660~1731)가 지은 장편소설. 로빈슨 크루소가 항해를 하며 겪는 에피소드를 그린 소설.

마르크스 사회에서 생산하는 개인들, 그러니까 사회 활동을 하는 개인들이 내놓는 생산물이 하는 생산, 이것이 당연히 출발점입니다. 스미스와 리카도가 출발점으로 삼는 개별적이고 고립된 사냥꾼과 어부*는 18세기의 황당한 공상에 속합니다. 이야기는 18세기의 상상에 속합니다. 문명을 연구하는 일부 학자들은 로빈슨 크루소의 이야기가 지나치게 가식적인 것을 강조하는 풍조에 반발해 자연 상태로 돌아가자는 주장을 담은 것이라고 보지만 구체적인 증거는 없습니다. 또한 본래 독립적인 주체들이 조약을 통해 관계를 맺는다는 루소**의 사회계약社會契約**도 위에서 언급한 자연주의(자연으로 돌아가는)를 특별히 기반으로 하고 있지 않습니다. 사회계약은 겉보기에 개인들이 질서를 정돈되게 잡아가는 것처럼 보이게 합니다. 이는 부르주아 사회의 태동을 예상하게 해주었습니다. 부르주아 사회는 16세기부터 태동해 18세기부터 성숙 단계로 접어들었습니다. 부르주아 사회에서는 자유 경쟁이 우선시되기 때문에 개인은 이전 시대와 달리 정해진 집단을 벗어나는 것처럼 보이는 것뿐입니다.[29]

• 마르크스 『자본론』 1권 1장에 언급된 것으로 고전 경제학이 생활에 필요한 모든 것들을 스스로 생산하고 소비하기 위해 사냥꾼도 됐다가 어부도 됐다가 하는 로빈슨 크루소와 같은 환경을 토대로 삼고 있다고 설명한다.

•• Jean-Jacques Rousseau(1712. 6. 28~1778. 7. 2). 프랑스 계몽주의 철학자로 대표작으로는 『에밀Emile』이 있다.

∴ 자연 상태의 사람들이 국가사회의 수립을 위해 국가사회의 기본사항들을 약속하는 것.

뤼즈 로빈슨 크루소의 이야기는 단순한 모험 이야기가 아닙니다. 정치적인 사회를 다시 세우고 싶어 한 루소의 사상과 개인주의를 정당화하려는 자유주의 경제학자들의 사상은 서로 다릅니까?

마르크스 18세기의 선구자적 인물이었던 스미스와 리카도는 여전히 막강한 영향력을 행사하고 있습니다. 18세기에 나온 '개인'이라는 개념이 과거에도 이상적인 개념이었을 것이라는 주장입니다. 여기서 말하는 '개인'은 봉건사회의 해체와 16세기부터 발달한 새로운 생산력으로 인해 등장한 개인입니다. 스미스와 리카도는 개인이 역사적인 산물이 아니라 역사의 출발점이라고 봤습니다. 스미스와 리카도는 개인을 역사의 산물이 아니라 원래 타고난 인간의 본성을 따르는 존재로 봤기 때문입니다. 이 같은 환상은 지금까지 시대가 바뀌어도 계속되고 있습니다.[30]

뤼즈 선생님의 방법에 따르면 개인의 위치를 사회와 경제적으로 동시에 생각해야 하는 것 아닙니까?

마르크스 개인이 다양한 사회 공동체를 단순히 자신의 목표를 이루기 위한 수단, 자신을 과시하는 겉치레 수단으로만 생각하게 된 것은 18세기 부르주아 사회부터입니다. 그런데 이 같은 개인주의적인 관점이 생기게 된 시기는 정확히 말하면 사회관계가 최고로 발달한 때입니다. 인간은 정치적 동물인 동시에 사회적 동물입니다. 즉 개인은 사회의 테두리를 벗어나 생산을 할 수는 없습니다. 이는 사람들이 함께 살고 이야

기하지 않는데 언어가 발전할 것이라는 생각처럼 말도 안 되
는 일입니다. 무인도에서 개인이 우연히 문명인의 수준을 이
루고 사회에 버금가는 힘을 가진 경우는 지극히 예외적인 경
우이지 일반적인 경우가 아닙니다.[31]

뤼즈 로빈슨 크루소 이야기의 환상에서 벗어나면 노동 분업 주제에
도달하는 것 같은데 안 그렇습니까?

마르크스 경제학은 로빈슨 크루소 같은 이야기들을 좋아하니 우
선 무인도에 있게 된 로빈슨을 살펴봅시다. 원래 로빈슨은
검소한 성격이라 그리 많은 것을 필요로 하지 않습니다. 로
빈슨은 살아가는 데 필요한 것을 얻기 위한 노동을 합니다.
예를 들어 건물을 짓고 도구를 만들고 동물을 길들여 기르고
물고기를 잡고 사냥을 합니다. 로빈슨 크루소가 하는 다양한
형태의 노동이야말로 다양한 모습의 인간 노동을 보여줍니
다. 로빈슨 크루소는 필요에 의해 시간을 쪼개어 여러 가지
일을 합니다. 어느 일이 더 중요하고 어느 일이 덜 중요하냐
는 필요한 결과를 얻기 위해 얼마나 힘이 많이 들어가느냐에
따라 정해집니다.[32]

뤼즈 로빈슨의 이야기와는 반대로 공동체적인 인간관계가 중요한
예로는 무엇이 있습니까?

마르크스 이제 로빈슨 크루소가 사는 밝은 섬을 벗어나 암흑시
대인 유럽의 중세시대로 옮겨봅시다. 유럽 중세시대의 인간

은 독립적인 개인이 아니라 서로 의존적인 공동체로 살아갑니다. 노예, 영주(중세의 귀족), 봉신封臣(중세의 기사), 권력자, 평신도, 성직자가 서로 묶여 있습니다. 물질 생산과 사회생활 모두 인간관계를 통해 이루어집니다. 정확히 말하면 사회는 인간의 상호 관계를 기반으로 형성되기 때문에 모든 사회 관계는 곧 인간관계라 할 수 있는 시대죠. 다양한 노동과 다양한 노동 생산물은 결과적으로 현실에서의 모습과는 별개로 더욱 미화된 모습을 갖게 됩니다. 노동과 노동 생산물은 서비스, 서비스로 제공되는 제품, 배달 제품의 형태로 나타납니다. 사제가 내려주는 축복보다 사제에게 제공하는 십일조가 더 확실한 의미를 주는 것과 같습니다.[33]

뤼즈 봉건사회에서는 지배 관계가 분명히 드러나는데요…

마르크스 흔히 사회에서 보는 인간의 모습은 겉모습에 불과한데 우리는 이 겉모습을 갖고 사람을 판단합니다. 마찬가지로 각자 일하면서 맺게 되는 사회관계는 사적인 인간관계가 되기도 하지만 노동의 현실과 결과에 공감하며 맺는 진정한 관계로 연결되지는 않습니다.[34]

뤼즈 자본주의 때문에 봉건사회에 변화가 일어납니다. 이제 더 이상 인간이 인간을 지배하는 시대에서는 벗어났다고 볼 수 있는데 어떻습니까?

마르크스 저는 자본가와 부동산 소유자를 장밋빛으로 그린 적이

없습니다. 이들은 단순한 개인이 아니라 자본주의 경제를 상
징하고 특정 계급의 이익과 이해관계를 지지하는 자들입니
다. 사회의 경제가 형성되고 발전하는 것은 자연적인 흐름이
자 역사라고 봅니다. 따라서 개인은 아무리 사회관계에서 벗
어나려 해도 사회적인 동물인 이상 사회관계의 틀 안에 있게
됩니다.[35]

뤼즈 시장 자본주의 사회가 만연하면서 상호의존적이던 인간관계
가 물질적으로 바뀌고 있습니다. 이처럼 사회관계가 물질화되는
것을 경제적으로 어떻게 설명할 수 있습니까?

마르크스 노동 생산물의 가치는 가치의 양 즉 구체적인 노동 시
간의 양으로 정해질 때에만 나오게 됩니다. 가치의 양은 생
산자의 의지나 생각과 관계없이 계속 변합니다. 생산자가 보
기에 이런 사회적인 흐름은 통제가 불가능합니다.[36]

뤼즈 사회적 관계를 물질관계로 보는 것을 물질숭배적인 착각이라
고 하셨죠?

마르크스 가치를 가지는 노동 생산물은 그 생산에 지출된 인간
노동의 물적 표현에 지나지 않는다는 후일의 과학적 발견은
인류의 발전사에 획기적인 것이기는 하지만, 사회 속의 노동
을 물질로, 결과물로만 보는 잘못된 시각은 깨지지 않았습니
다. 이런 사회에서는 오직 상품의 생산만이 진리입니다. 인
간이 하는 노동은 다양하고 모든 노동은 동등하지만 실제 사

회에서는 노동의 생산물이 수량을 통해 우열의 가치가 매겨집니다. 하지만 상품을 생산하는 과정에 참여하는 인간에게는 노동은 노동일뿐입니다. 위의 과학적 발견 이전이나 이후나 인간은 생산하는 노동을 할 뿐이죠. 마치 과학에 의해 공기의 구성요소들이 발견된 뒤에도 공기 그 자체는 아무런 변화 없이 그대로 존속하고 있다는 사실처럼요.[37]

뤼즈 우리는 지금까지 분명 환상 속에서 살고 있군요. 자본주의의 이익은 어떻게 탄생한 것입니까? 노동력의 착취를 이해하려면 우선 인간의 노동은 어떻게 정의해야 합니까?

마르크스 노동은 인간과 자연 사이의 교류입니다. 노동을 하면서 인간은 자연에 대해 막강한 역할을 합니다. 인간은 팔과 다리, 머리와 손처럼 타고난 신체의 힘을 이용해 필요한 것을 만들어 살아갑니다.[38]

뤼즈 문화˙를 키우는 것은 인간의 첫번째 조건이죠. 인간은 경작을 하면서 문화를 쌓아가는 것 아닐까요?

마르크스 인간은 자연에 영향을 끼치는 노동으로 자연을 변화시키는 동시에 자신의 본성도 변화시키며 본성 속에 잠자고 있던 능력을 기릅니다. 우리 인간은 순전히 본능적인 방법이 그대로 남아 있는 원초적인 노동 상태에 머물러 있지는 않을 것입니다.[39]

• 문화culture라는 단어는 '경작하다'라는 단어에서 유래하였다.

뤼즈 인간의 노동과 동물의 활동은 어떻게 다릅니까?

마르크스 거미는 직조공과 비슷한 활동을 하고 꿀벌은 건축가처럼 정교한 집을 짓습니다. 하지만 최악의 실력을 보여주는 건축가와 가장 전문적인 실력을 가진 꿀벌이 있다고 할 때, 인간이 한 일이냐 동물이 한 일이냐로 우선 구분해 주는 특징은 인간은 먼저 머리로 구상을 한 후 집을 짓는다는 것입니다. 인간의 경우, 노동의 결과물이 이미 노동자의 머릿속에 존재하는 것입니다.[40]

뤼즈 결국 인간은 육체와 정신을 온전히 노동에 투입하는 것 아닙니까?

마르크스 정해진 기간 동안 작업을 하려면 육체적인 노력, 의지를 동원한 집중력이 요구됩니다. 노동을 하며 노동자는 자신의 육체와 지식의 힘을 자유롭게 사용하는 것이 아니라 틀 속에 맞추어 갑니다. 이렇게 하다보니 노동이 지루하게 느껴집니다.[41]

《 노동 조건을 정하는 자본가와 노동력 밖에 가진 것 없는 노동자가 대립합니다. 》

뤼즈 일반적으로 인간의 노동은 착취로 이어질 수 있습니다. 자본주의 이익은 우선 어떻게 나타납니까?

마르크스 자본의 일반적인 공식은 '돈–상품–돈(A-M-A´)'입니다.

즉 자본을 투자함으로써 투자한 자본보다 더 큰 이익을 얻으려는 과정이죠. 바로 자본의 생산과정입니다. 자본을 생산하려면 자본을 유통시켜야 합니다. 실제로 자본가가 관심을 갖는 것은 구체적인 생산물이 아니라 투자한 자본보다 더 많은 이익을 내는 일입니다.[42]

뤼즈 이를 위해서는 특별한 조건이 있지 않습니까?

:: 19세기 영국의 방직 공장

마르크스 자본가는 노동력으로 이루어진 가변자본可變資本*을 착취해 이익을 높입니다. 그리고 자본가는 생산 수단, 기계, 원료로 이루어지는 불변자본不變資本**을 갖추고 있을 때 노동력을 착취할 수 있습니다. 즉 자본가는 가지고 있는 모든 것을 생산에 이용하려 합니다. 자본가가 노동조건을 정하고 노동자는 노동력 밖에 가진 것이 없을 때 노동 착취가 이루어집니다.[43]

뤼즈 막대한 자본(A)이 상품(M)에 투입됩니다. 막대한 양의 새로운 자본(A′) 즉 이윤이 높아진 자본(A)을 회수할 수 있다는 희망에 서입니다. 하지만 이 같은 과정은 생산에서 일어나는 과정 즉 본질을 감추는 것 아닙니까?

마르크스 자본가는 상품판매에서 이루어지는 가치의 초과, 즉, 잉여가치는 생산비를 올려 상품의 가치를 높여서 얻는 것이 아니라 상품의 원래 가치보다 비싸게 판매해 얻는 것으로 생각합니다. 그러므로 자본가는 상품에서 잉여가치를 얻기 위해서는 단순히 판매해서는 안 되고 가치를 초과하는 가격을 붙여 무조건 많이 팔아 치워야 한다고 생각합니다.[44]

뤼즈 이런 환상은 어떻게 만들어졌는지 간단히 말씀해주시겠습니까?

마르크스 자본가의 입장에서 볼 때 상품의 가격은 자본이 얼마

• 생산에 드는 자본 가운데 노동력에 대한 임금으로 지출하는 자본.
•• 생산 과정에서 그 가치가 변하지 않은 채로 생산물에 이전되는 형태의 자본.

나 투입되었나로 정해집니다. 그러나 사실 상품의 실제 가격
은 노동력을 얼마나 투입했는가로 정해지는 것이 맞습니다.[45]

**뤼즈 현재의 상황을 설명하려면 상품이 무엇을 의미하는지 따져봐
야 합니다. 상품에 대해 설명해 주시겠습니까?**

마르크스 자본가는 구매자와 마찬가지로 노동력을 구입하고 대
가를 지불하면서 '상품'을 소비할 권리를 갖게 됩니다. 상품
을 사거나 이용하거나 마음대로죠. 인간의 노동력을 소비하
거나 이용하는 것은 기계를 소비하거나 사용하는 방법과 똑
같습니다. 따라서 자본가는 일당이나 주급을 주어 매일 혹은
매주 노동자에게 일을 시킬 수 있습니다. 사실, 일당이나 주
급 노동은 어느 정도까지 노동력을 이용하는 제한이 있는데
이에 대해서는 추후 살펴보겠습니다.[46]

**뤼즈 그럼, 잉여가치의 풀리지 않는 비밀에 대해서는 어떻게 설명
할 수 있습니까?**

마르크스 노동력의 값은 필요한 노동의 양에 따라 정해집니다.
하지만 노동력을 이용해도 노동자의 에너지와 육체적인 힘
을 고려해 제한을 두고 이용하게 됩니다. 일당이나 주급을
준다고 노동력을 하루 종일, 일주일 내내 이용할 수는 없습
니다. 마치 말에게 먹이를 준다고 해서 말을 하루 종일 달리
게 할 수는 없는 것과 같은 논리입니다. 그러나 현실에서는
노동력이 노동력의 값만큼 이용되는 것이 아니라 노동력의

양이 한정 없이 이용됩니다.[47]

뤼즈 예를 들면요?

마르크스 방적 직공의 예를 들어봅시다. 방적 직공은 매일 3실 링shilling•의 가격만큼의 일을 해야 합니다. 이를 위해 매일 6 시간 일을 하죠. 그러나 딱 6시간만 일하겠습니까? 매일 10 시간에서 12시간, 아니 그 이상 일을 하게 되기도 하죠. 자 본가는 일당이나 주급을 지불해 하루 종일 혹은 일주일 내내 노동력을 사용할 수 있는 권리를 갖게 됩니다. 원한다면 자 본가는 노동자를 매일 12시간 동안 부려먹을 수 있죠. 방적 직공은 봉급을 받는 6시간 노동 외에 또 6시간을 '초과 노동' 하게 됩니다. 이 같은 '초과 노동'은 '잉여가치'와 초과 생산 을 낳습니다.[48]

뤼즈 결국 잉여가치는 어떻게 정의할 수 있습니까? 그리고 여러 가 지 이득으로 세분화되어 나타나는 잉여가치의 종류는 어떻게 이 해할 수 있습니까?

마르크스 잉여가치는 초과 노동, 노동자의 무급無給 노동으로 얻 게 되는 상품 가격의 일부죠. 이를 이윤이라 부릅니다. 그렇 다고 자본가인 고용주가 모든 이익을 차지하는 것은 아닙니 다. 부동산 소유주가 '임대'라는 명목으로 잉여가치의 일부

• 영국의 옛 화폐 단위로 20실링은 1파운드였다.

를 가져갑니다. 농사, 건물, 철도, 기타 생산 목적으로 땅을 빌릴 때 내는 돈이 임대료입니다. 자본가 고용주는 노동을 소유하면서 잉여가치를 생산할 수 있고 어느 정도 양의 노동에 대해서는 대가를 제대로 지불하지 않으며 노동자의 노동을 교묘하게 차지합니다. 이러한 사실에 근거, 생산수단을 가진 노동자들은 자신의 생산수단 전부 혹은 일부를 자본가 고용주에게 빌려주고 노동을 제공한 대가로 잉여가치의 일부를 이자라는 명목으로 요구할 수 있게 됩니다. 이렇게 되면 자본가 고용주 자신에게는 소위 산업 이윤 혹은 상업이윤만 남게 됩니다.[49]

뤼즈 그러니까 유급 노동은 공평한 교환이 아니라 실제로 자본가의 부를 불려주는 역할을 한다는 의미입니까?

마르크스 자본가와 직원 사이의 교환에는 어떤 일이 일어나고 있을까요? 노동자는 노동력을 제공하는 대가로 생계비를 받지만 자본가는 봉급을 주는 대가로 노동력, 노동자의 생산 활동, 생산력을 얻습니다. 하지만 노동자는 제공하는 노동량에 비해 제값을 받지 못하고 있습니다.[50]

뤼즈 사실, 돈(AA′)은 상품(MM′)으로 설명해야 하는 것 아닙니까? 그리고 상품(MM′)은 생산과정으로 설명해야 하는 것 아닐까요? 생산과정에서 노동자의 노동력은 노동비보다 많은 상품을 생산합니다.

마르크스 이제 원래의 상품을 소유한 사람, 즉 노동력을 소유한 사람에게 지불되는 대가의 가격이 어떻게 정해지는지 알려졌습니다. 노동력을 구입하고 노동력의 사용 대가를 주는 것이 바로 고용입니다. 고용은 노동력을 소비하는 일이기도 하죠. 노동력을 소비하는 데 필요한 모든 것, 원자재 등은 인간이 상품 시장에서 적당한 값을 주고 구입합니다.[51]

뤼즈 그러니까 이윤을 설명하는 것은 바로 생산이군요, 돈이 기적에 의해서처럼 혹은 물신숭배의 환영(환상)에 의해서처럼 '새끼를 치는 것' 같은 유통이 아니라…

마르크스 노동력은 상품을 생산하고 잉여가치를 얻게 해줍니다. 노동력은 일반적인 상품과 달리 시장 밖이나 유통망 밖에서 소비됩니다. 돈을 가진 자본가와 노동력을 가진 노동자를 보죠. 상품이 모두에게 전시되는 시끌벅적한 곳을 벗어나 '관계자 외 출입 금지'라고 적힌 비밀의 생산 실험실을 상상해 봅시다. 여기서 자본이 어떻게 생산하는지와 자본 자체가 어떻게 생산되는지를 이해할 수 있습니다. 이를 이해하면 현대사회의 큰 비밀인 잉여가치의 생산과정이 풀리게 됩니다.[52]

뤼즈 방금 선생님께서는 자본가가 인간을 기계로 취급한다고 하셨는데, 만일 자본가가 인간을 기계 작업에 맞추거나 인간 대신 기계를 두기로 결정하면 어떤 일이 일어날까요?

마르크스 기계가 육체노동을 대신하면서 고용주는 육체 힘이 세지 않은 노동자를 고용할 수 있게 됩니다. 육체적인 힘이 세지 않은 노동자는 유순한 편이죠. 자본가가 기계를 차지하게 되자 여성 노동과 아동 노동을 선호하게 되었습니다. 기계가 등장하면서 인간의 노동력은 이전보다 덜 필요하게 되었습니다. 대신 여러 사람을 고용해 더 저렴한 봉급으로 부려먹을 수 있게 되죠. 나이와 성별에 관계없이 모든 가족 구성원이 자본의 지배하에 놓였습니다. 자본을 위해 노동을 해야 하다 보니 아이들과 놀아주고 여유롭게 살림할 시간이 없어졌습니다. 가족의 생활을 경제적으로 받쳐주는 버팀목은 살림이었는데 말입니다.[53]

뤼즈 여성 노동과 아동 노동은 착취의 강도를 어떻게 높입니까?

마르크스 노동력에 대한 가격은 노동자와 노동자 가족이 생활하는 데 필요한 비용으로 정해졌습니다. 기계가 등장하며 인건비가 내려가다 보니 가족 전체가 취업 시장에 뛰어들어 돈을 벌어야 합니다. 예를 들어 노동자 가족 4명이 일을 하면 가장家長 혼자서 일하는 것보다 더 많은 수익을 낼 수 있습니다. 하지만 예전에 하루만 일하면 되었던 것도 이제는 4일 연속 일을 해야 하는 환경이 됩니다. 가장 혼자가 아니라 가족 네 명 모두가 일을 하고 초과 근무까지 하지만 인건비는 내려간 상태입니다. 따라서 가족 네 명 모두 정해진 일 외에 초과 근무까지 해야 생활할 수 있습니다. 이처럼 기계가 등장하면서

착취할 수 있는 사람의 수는 늘어나고 노동 착취의 강도는
높아지고 있습니다.[54]

뤼즈 사실 현대판 노예라 할 수 있군요…

마르크스 자본가가 기계를 사용하면서 고용 계약의 성격이 근본
적으로 바뀌고 있습니다. 원래는 자본가와 노동자가 자유로
운 존재로서 협력하는 것이 계약의 첫번째 조건이었죠. 자본
가와 노동자 모두 서로가 가진 것을 똑같이 파는 존재였습니
다. 자본가는 돈 혹은 생산수단을 소유하고 노동자는 노동력
을 소유했습니다. 그러나 자본이 미성년자를 고용하게 되면
서 동등한 조건이 깨지게 되었습니다. 예전에는 노동자가 자
유롭게 자신의 노동력만 팔면 되었지만 지금은 아내와 아이
들까지 노동시장에 팔아야 합니다. 노동자가 노예 상인 같은
존재가 된 것이죠. 사실 아동의 노동까지 요구하는 현대사회
는 미국 신문에서 볼 수 있는 흑인 노예 구인 광고와 다를 바
가 없습니다.[55]

《 기계가 등장하면서 착취할 수 있는 사람의 수는 늘어나고 노동 착취의 강도는 높아지고 있습니다. 》

뤼즈 원래 기계는 인간의 노동력을 줄이기 위해 만들어진 것인데
자본가가 기계를 사용하면서 오히려 과도한 노동을 부추기니 아
이러니하지 않습니까?

마르크스 기계는 노동의 생산을 극대화하는 수단입니다. 즉 상품을 생산하는 데 드는 시간을 줄여주죠. 그러나 이제 기계는 산업 자본을 튼튼하게 뒷받침해주며 노동시간을 무한정 늘리는 수단이 되고 있습니다. 그 결과 기계는 자본이 모든 것을 할 수 있는 새로운 조건을 만들어 주고 타인의 노동력을 점점 착취할 수 있는 분위기를 만들어가고 있습니다.[56]

뤼즈 이런 사실에서 생각해 볼 때 현대사회는 인간이 자본의 지배를 받는 시대라 할 수 있지 않습니까? 여기에 기계가 자본과 손을 잡았습니다.

마르크스 먼저 기계가 생산수단이 되면서 생산 활동이 노동자 없이도 돌아갈 수 있게 되었습니다. 이제 생산수단은 무한정으로 생산하는 힘을 갖게 되었고 인간은 기계의 조수가 되어버렸습니다. 인간의 육신과 의지력도 약해져갑니다. 자본가에게 인간은 자본을 생산하는 로봇 같은 존재입니다. 자본가는 노동자를 유순하게 만들고 일체 반항하지 못하게 하고 싶어 합니다. 기계로 노동이 쉬워지고 여성과 아이가 부려먹기 쉬운 유순한 노동자 역할을 하면서 인간은 더욱 자본가의 노예가 되어갑니다.[57]

뤼즈 오히려 기계가 노동 착취에 앞장서고 있습니다. 즉 노동시간은 늘리면서 실업을 늘리고 인건비는 내리고 있습니다. 기계의 또 다른 아이러니인데, 이에 대해 좀 더 설명해주시겠습니까?

마르크스 기계가 자본과 결합하면서 노동 일수는 분명 늘어나게 되었습니다. 또한 노동 방식과 집단 노동자의 유대 관계도 달라지게 되었습니다. 그 결과 모두가 기계와 자본의 지배 아래에 놓입니다. 지금까지는 영향을 받지 않던 노동자 층까지 자본의 지배에 들어가게 되었고 기계로 인해 노동자들은 일자리를 잃게 됩니다. 기계가 일을 하니 노동자들의 일손은 남아돌게 됩니다. '을'의 입장이 된 노동자들은 고용주에게 유리한 법을 울며 겨자 먹기로 받아들일 수밖에 없는 처지가 됩니다. 바로 여기서 근대 산업의 역사 상 놀라운 현상이 벌어집니다. 기계가 노동 일수의 윤리적이고 자연스러운 한계를 전부 뒤집게 된 것입니다. 근대 산업의 역사에서 놀라운 일이 벌어진 것이죠. 기계가 노동 일수를 윤리적이고 자연스런 노동력의 한계 너머로 늘립니다. 바로 여기서 경제적인 아이러니가 생깁니다. 노동시간을 줄이고자 만들어진 기계가 오히려 이상하게도 자본의 이익을 위해 노동자와 노동자 가족을 평생 일하게 하는 수단이 된 것입니다.[58]

뤼즈 업무의 자동화로 노예가 사라질 것이라고 예상한 아리스토텔레스의 꿈은 머나먼 일이 되어가는 것 같습니다…

(마르크스가 다시 자리에서 일어나 아리스토텔레스의 『정치학』 중 한 부분(제1권, 제4장)을 암송한다)

마르크스 고대 최고 사상가인 아리스토텔레스의 꿈은 이러했죠. "기구마다 제 기능을 스스로 할 수 있다면 얼마나 좋을까. 예를 들어, 다이달로스*의 걸작 발명품이 스스로 움직이고 불카누스**가 만든 삼각의자가 스스로 일을 한다면 좋을 것 같다. 또한 직조공의 베틀이 저절로 일을 하면 공장 책임자는 도움이 필요 없게 되고 주인은 노예가 필요 없게 될 것이다." 키케로***시대의 그리스 시인 안티파로스는 물레방아가 곡식을 빻는 작업을 도와준다고 찬사를 던졌습니다. 물레방아가 여성을 일에서 해방시켜 황금기를 맞이하게 해줄 것이라 본 셈이죠.[59]

뤼즈 아리스토텔레스는 기술이 발전하면 인간이 고된 노동에서 해방될 것이라 생각했지만 자본주의는 오히려 기술을 이용해 이익을 극대화하고 인간을 예속 상태로 만들고 있습니다. 이 같은 비인간적인 변화에 대해 어떻게 보십니까?

마르크스 제조와 작업을 할 때 노동자는 기구를 이용합니다. 공장에서 노동자는 기계를 사용하죠. 하지만 실상 노동자는 기계가 하는 작업을 살피는 역할을 할 뿐입니다. 제조 작업에서 노동자들은 살아있는 기계의 부품이라 할 수 있습니다. 기계가 제조 작업을 독립적으로 하고 노동자는 부속품에 불과합니다. 동시에 기계를 이용한 작업은 집중해서 살펴야 하기 때문에 정신적으로 피로합니다. 대신 노동자는 근육을 다양하게 사용할 기회가 없어지고 육체와 정신을 작업 조건에

• Daidalos. 그리스-로마 신화에 나오는 천재 발명가.
•• Vulcain. 그리스-로마 신화에 나오는 불의 신이자 대장장이.
⁂ Marcus Tullius Cicero(B.C. 106~B.C. 43). 고대 로마의 문인이자 철학자 · 정치가.

맞게 맞추어야 합니다. 기계로 일이 쉬워지면서 오히려 노동자에게는 고문입니다. 기계가 노동자를 노동에서 해방하는 것이 아니라 오히려 노동자가 노동에 갖는 흥미를 빼앗아가기 때문입니다.[60]

뤼즈 그래서 자본과 결합한 기계에 대한 분노가 일어나고 있군요. 언제쯤 기계 파괴를 통한 분노가 격렬하게 표출될 것이라 보십니까?

마르크스 자본가와 노동자는 이미 산업 자본이 생겨날 때부터 대립했습니다. 본격적인 공업 사회가 되면서 대립은 더욱 격화되었을 뿐입니다. 기계가 처음 도입되었을 때는 노동자가 기계를 작업 수단의 입장에서만 비판했습니다. 하지만 기계 역시 또 다른 모습의 자본에 지나지 않다는 것을 알게 되면서 노동자의 분노가 커지게 됩니다. 노동자가 기계 자체와 기계가 자본주의적으로 사용되는 상황을 구분할 줄 알게 되어 생산수단으로서의 기계가 아니라 노동의 착취 수단으로 사용되는 기계를 비판하려면 시간과 경험이 필요합니다. 기계가 등장하면서 노동자가 잉여 인간이 되어 자본가에게는 당장에 절실히 필요하지 않은 인력이 되었습니다. 결국 노동자는 기존의 제조업을 죽이는 기계 산업에 크게 분노해 투쟁에 나서게 됩니다.[61]

뤼즈 자본화된 기계로 인해 노동자들이 비참한 상황이 되는 구체적인 예에 대해 연구하셨고, 친구 분인 엥겔스는 『영국 노동자 계급의 상태』라는 명저를 집필했습니다. 특별히 공감한 구절이 있습니까?

마르크스 영국의 직조공들은 40년간 쇠락의 길을 걷다가 1838년에 본격적으로 몰락했습니다. 영국 직조공들의 몰락만큼 가슴 아픈 역사적 장면도 없을 겁니다. 많은 직조공들이 굶어 죽거나 오랫동안 하루에 25상팀centime**으로 가족과 근근이 살아갔습니다. 한편, 인도에서는 영국에서 기계로 생산된 옥양목이 수입되고 직조공들이 일자리를 잃게 되면서 큰 위기가 일어나게 됩니다. '무역 역사상 이런 비참한 예는 없었다. 굶어 죽은 직조공들의 백골이 인도의 평원을 하얗게 덮었다.' 1834년과 1835년에 인도의 영국 총독이 쓴 보고서에 나온 구절입니다.[62]

뤼즈 베틀 기계가 발명된 이후, 많은 직조공들이 일자리를 잃었습니다. 현재 방직 일은 여러 가지 단순 업무로 나뉘어졌습니다. 그 결과 과거에 노하우를 갖고 있던 고급 기술직 인력이 단순 인력, 아동 노동 인력으로 대체되는 현상이 일어났습니다. 자본주의가 세계로 확대되면 모든 생산 분야가 방직 분야와 비슷한 길을 걷게 될 것이라 보십니까?

마르크스 자유무역을 지지하는 사람들의 주장을 들어보면 노동

• *Die Lage der Arbeitenden klasse in England.* 1845년 라이프치히에서 출판되었다. 영국의 탄광 노동자의 비참함 삶을 고발한 엥겔스의 역작.
•• 프랑스와 스위스, 벨기에의 화폐 단위로 100상팀은 1프랑이다.

자는 더 저렴한 생산수단이 나타나면 언제든지 대체되는 생산수단에 지나지 않습니다. 또한 자유무역 지지자들은 기계화 작업은 뛰어난 발전이며 방직공의 일자리를 앗아간 기계는 훌륭한 성능을 가진 수단으로 미화합니다. 그러나 자유무역 지지자들의 주장은 육체노동이 모두 방직 일과 같은 길을 가게 된다는 것을 간과하고 있습니다. 기계화로 하는 작업이 늘어나면 인간의 노동력은 필요 없어지고 노동력의 가치가 떨어지니 인건비도 자연히 내려갑니다. 이것은 기계화 작업이 추구하는 목표이기도 합니다.[63]

뤼즈 자본주의가 성장하면 언제나 노동자 계급이 피해를 입습니까?

마르크스 자본주의에서 모든 상품은 경쟁이 치열해지면 가격이 낮아집니다. 이에 따라 생산비를 최소한으로 줄이려는 움직임이 나타납니다. 최저 임금은 노동에 매겨지는 기본적인 가격입니다. 최저 임금이란 무엇일까요? 최저 임금이란 노동자가 가족을 부양하고 그럭저럭 입에 풀칠하기 위해 필요한 최소의 돈을 의미합니다. 즉 노동자 계급은 빈곤층과 산업 경쟁의 현장에서 아무것도 가진 것 없는 빈털터리보다 그나마 한 단계 나은 입장일 뿐입니다.[64]

뤼즈 자유무역이 자본주의를 발전시키고 노동자에게 이득을 가져온다고 생각하는 사람들이 내세우는 논리는 무엇입니까?

마르크스 논리는 이렇습니다. 자유무역이 생산력을 높여준다는

것이죠. 산업이 성장하고, 부와 생산력 등 한마디로 생산자
본이 노동에 대한 수요를 높이면 노동의 값인 임금도 올라간
다는 논리입니다. 자본의 성장이야말로 노동자에게 가장 좋
은 일이라고 주입시킵니다. 자본이 답보 상태에 머무르고 있
다면 산업은 정체되고 노동자가 가장 큰 희생자가 되어 자본
가보다 먼저 죽을 것이라고 세뇌합니다.[65]

뤼즈 어떤 논리로 경쟁이 치열해집니까?

마르크스 극도의 노동 분업이 이루어지면 노동과 노동자의 전문
성이 무너집니다. 그리고 누구나 할 수 있는 단순노동이 전
문적인 노동과 노동자의 자리를 차지하게 되고 노동자들 사
이에 경쟁이 치열해지게 됩니다. 노동의 분업으로 노동이 단
순해지면서 한 사람의 노동자가 세 사람의 몫을 할 수 있게
되어 일자리는 줄어들게 되고 그리하여 경쟁은 더욱 치열해
집니다. 기계 역시 노동자들의 일자리를 빼앗아 가는데 노동
분업보다 대규모로 일자리를 앗아갑니다. 생산자본이 더 많
이 필요하게 되면 산업 자본가들은 더 많은 생산수단을 사용
하면 되지만 영세한 소상공인들은 몰락해 프롤레타리아 계
급으로 전락합니다.[66]

뤼즈 시장이 통제할 수 없는 지경이 되면 어떤 일이 일어납니까?

마르크스 생산자본이 많이 들어가고 수요를 예측할 수 없는 시
장을 상대로 생산해야 하는 상황이고, 생산은 많이 이루어졌

는데 소비는 그만큼 이루어지지 않고, 수요에 비해 공급이 과잉이 되면, 위기는 더욱 심각해지고 위기의 속도도 빨라지게 됩니다. 그리고 이 같은 위기로 자본이 집중되고 더 많은 노동자가 필요하게 됩니다. 생산자본이 늘어날수록 노동자들 사이의 경쟁은 더욱 치열해집니다. 노동자의 인건비는 전부 내려가고 과로하는 노동자도 생겨납니다.[67]

뤼즈 자유무역에는 경제가 발전하면 사회도 성장한다는 맹목적인 신조가 들어 있습니다. 자본주의의 진정한 의미는 무엇입니까?

마르크스 요약하자면 이렇습니다. 사회에서 말하는 자유무역은 무엇인가? 바로 자본의 자유입니다. 자본 시장을 묶어두는 국가의 규제가 풀리면 자본은 그야말로 자유롭게 활개를 칩니다. 현재와 같은 유급 노동과 자본의 관계가 지속된다면 제아무리 상품 거래가 더 나은 조건에서 이루어진다 해도 착취하는 계급과 착취당하는 계급은 언제나 있을 것입니다.[68]

《 누구의 자유입니까? 바로 자본이 노동자를 마음대로 짓누르는 자유입니다. 》

뤼즈 경제적 자유주의를 지지하는 사람들은 자유가 전 세계로 확대되고 나아가 전 세계가 우호 관계를 맺을 수 있다는 주장을 하며 자본주의의 세계화를 높이 평가합니다. 이에 대해 어떻게 답변하시겠습니까? (마르크스는 자리에서 일어나 점차 기억나는 어느 연

설을 읊어 대기 시작한다)

마르크스 여러분, 자유라는 추상적인 단어에 현혹되지 마십시
오. 누구의 자유입니까? 평범한 개인의 자유가 아닙니다. 바
로 자본이 노동자를 마음대로 짓누르는 자유입니다. 여러분
은 어떻게 자유 경쟁을 그저 단순한 자유사상으로만 좋게 보
십니까? 여기서 말하는 자유는 자유 경쟁의 결과물일 뿐입니
다. 자유무역이 한 나라 안에서 서로 다른 계급끼리 유대감
을 조성한다고 하는데 그 실체가 무엇인지 이미 알지 않습니
까? 자유무역이 여러 나라 사이에 유대감을 생겨나게 한다고
요? 그 유대감은 결코 따뜻한 동지애 같은 것이 아닙니다. 세
계적인 유대감이라는 그럴듯한 말 뒤에는 전 세계적으로 이
루어지는 착취라는 진실이 있습니다. 이는 모두 부르주아 계
급에서 시작된 생각입니다. 자유 경쟁은 한 나라 안에 여러
가지 파괴적인 현상들을 가져왔죠. 자유 경쟁이 세계로 뻗어
가면 이 파괴적인 현상들이 대규모로 전 세계로 퍼져가게 됩
니다.[69]

**뤼즈 자본주의의 세계화를 지지하는 사람들은 결국에는 경제 발전
이 모두에게 이익이 될 것이라 주장합니다. 정말로 그렇게 믿는
것인지, 아니면 그저 정당화하려고 궤변을 늘어놓는 것인지 궁금
합니다.**

마르크스 자유무역을 옹호하는 사람들은 어떻게 한 국가가 다
른 국가들을 희생시켜 부를 얻는지도 제대로 이해하지 못하

고 있습니다. 놀랄 일도 아닙니다. 더구나 이들은 한 나라 안에서 어떻게 한 계급이 다른 계급을 희생시켜 부를 얻는지도 이해하려고 하지 않습니다.[70]

뤼즈 자본주의 세계화 과정은 어떻게 설명할 수 있습니까? 그리고 여기에 부르주아 계급이 하는 역할은 무엇입니까?

마르크스 부르주아 계급은 역사에서 매우 혁신적인 역할을 했습니다. 부르주아 계급은 여기저기서 힘을 얻으면서 봉건적이며 가부장적인 시골 중심의 생활 방식을 무너뜨렸습니다. 부르주아 계급이 봉건적인 관계를 없앤 것은 사실이지만 대신 인간과 인간 사이에 냉정한 계산적 이익, 배금주의를 자리 잡게 했습니다.[71]

뤼즈 그러니까 부르주아 계급은 그저 모든 것을 금전 관계로 만들었다는 의미입니까?

마르크스 부르주아 계급은 종교적인 숭배, 기사도 정신 숭배, 소시민의 감상적 성격을 무너뜨리고 이기적인 계산을 탄생시켰습니다. 부르주아 계급은 개인을 단순히 교환가치valeur d'échange로 전락시키면서 개인의 존엄성을 무너뜨렸습니다. 당연히 다양한 자유가 보장되어야 하는데 부르주아 계급은 오직 자유무역이라는 하나의 자유만을 옹호했습니다. 한마디로 종교와 정치가 은밀한 착취를 했다면 부르주아 계급은 드러내놓고 뻔뻔스럽게 직접적인 착취를 합니다.[72]

뤼즈 공동체 생활을 기반으로 하는 사회에 개개인이 계산적이 되면서 인간관계가 달라지게 됩니까?

마르크스 부르주아 계급은 예전까지는 존중받던 모든 직업의 명예를 앗아갔습니다. 의사, 학자, 사제, 시인, 과학자가 이제 그저 봉급쟁이로 전락해버린 것이 대표적인 예입니다. 뿐만 아니라 부르주아 계급은 가족 관계에 서려있던 낭만적인 정신도 없애고 단순히 금전적인 관계로 전락시켰습니다.[73]

뤼즈 부르주아 계급의 행동에도 긍정적인 면이 있긴 합니까?

마르크스 부르주아 계급은 중세시대가 얼마나 게으른 시대였는지를 보여주었습니다. 부르주아 계급이야말로 인간의 활동이 무엇을 이룩할 수 있는지를 처음으로 보여주었습니다. 부르주아 계급은 이집트의 피라미드, 로마의 수로, 고딕식 성당과는 다른 놀라운 것을 만들어냈고, 민족의 대이동과 십자군과는 완전히 다른 새로운 형태의 원정遠征을 이루어냈습니다.[74]

뤼즈 이는 끝없이 변하는 사회에서 앞으로 나갈 수밖에 없는 경제 시스템의 결과입니까?

마르크스 부르주아 층은 생산도구와 생산관계, 즉 노사 관계를 끝없이 개혁하지 않고는 앞으로 존재하기가 힘듭니다. 이전의 산업에 종사하던 모든 계급들은 생존을 위해 옛날의 생산 방식을 그대로 고수해야 했습니다. 하지만 이제는 생산과 모든 사회 조건이 계속 변하고 있기 때문에 부르주아 시대와

예전 시대는 서로 다릅니다.[75]

뤼즈 이 같은 경제는 끝없이 생산을 확대하기만 합니까?

마르크스 부르주아 계급은 물건을 팔 수 있는 넓은 판로를 점점
필요로 하면서 전 세계를 누비고 있습니다. 세계 여기저기에
진출해 모든 것을 이용하고 인맥을 쌓아야죠.[76]

뤼즈 그러므로 세계화 과정과 국가 경제가 국경을 초월하는 현상이
중요한 쟁점 아닙니까?

마르크스 부르주아 계급은 세계 시장을 이용해 모든 나라의 생
산과 소비를 글로벌화시키고 있습니다. 부르주아 계급이 산
업의 국가 기반을 무너뜨리면서 오래된 국가 산업은 파괴되
었고 지금도 매일 파괴되고 있습니다. 오래된 국가 산업이 사
라진 자리에 새로운 산업이 들어옵니다. 새로운 산업의 경우,
해외 이전은 모든 산업 선진국들에게 생존의 문제가 되었습
니다. 산업 선진국들은 더 이상 국내의 원료가 아니라 먼 해
외에서 들여온 재료를 가공하고 있으며, 이렇게 해서 만들어
진 제품은 국내에서 뿐만 아니라 전 세계에서 소비됩니다.[77]

뤼즈 이 같은 과정으로 기존의 경제 요인 중 어떤 것이 변합니까?

마르크스 예전에는 국내에서 생산하는 것만으로도 충분히 수요
를 만족시킬 수 있었다면 이제는 새로운 수요가 생겨났습니
다. 이에 따라 더 머나먼 해외의 제품이 필요하게 되었죠. 과

거에는 지역과 국가가 따로 분리되었지만 이제는 세계가 긴밀하게 연결되어 국가가 상호의존하게 되었습니다.[78]

뤼즈 이 같은 변화는 문화에도 영향을 끼칩니까?

마르크스 지적 생산물 역시 제품과 마찬가지 길을 걷게 됩니다. 한 나라의 지적 재산은 모두가 공통으로 소유하게 되죠. 국가 안에서만 지적 재산권을 갖기가 점점 힘들어집니다. 국가 문학littératures nationales과 지역 문학littératures locales을 초월해 세계문학littératures universelle이 탄생하게 됩니다.[79]

《 부르주아 계급은 필사적으로 모든 국가들이 부르주아 식의 생산방식을 따르도록 강요합니다. 》

뤼즈 부르주아 계급, 아니 부르주아 시스템은 언젠가 세계적으로 맹위를 더욱 떨칠 수 있다고 보시는군요.

마르크스 생산수단이 빠른 속도로 완벽해지고 교통이 편해지면서 부르주아 계급은 오지 지역에까지 문명을 심고 있습니다. 저가의 제품들이 중국의 시장을 맹렬히 공격하고 외국에 가장 반감이 심한 오지의 사람들까지 사로잡게 됩니다. 부르주아 계급은 필사적으로 모든 국가들이 부르주아 식의 생산방식을 따르도록 강요합니다. 부르주아 계급은 소위 '문명'이라고 부르는 것을 모든 나라에 심으려고 하죠. 한마디로 부르주아 계급이 추구하는 세상을 만들고 있는 셈입니다.[80]

뤼즈 자본주의가 세계로 뻗어가면서 모든 생활공간에 변화가 일어
나고 있는데, 이는 인구 부문에 영향을 끼칠 수 있습니까?

마르크스 부르주아 계급은 시골을 없애고 도시를 확산시키면서,
거대한 도시를 만들었습니다. 그 결과 도시의 인구가 늘었
고 시골의 논밭을 경작해야 하는 인구가 급격히 줄어들었습
니다. 시골은 도시보다 뒤처지게 되었습니다. 문명이 상대적
으로 덜 발달한 국가들이 문명이 발달한 국가들에게 종속되
었고 농부들은 부르주아들에게 종속되었으며 동양은 서양에
종속되었습니다.[81]

뤼즈 그동안 경제 집중이 세계적으로 일반적인 현상이 되었군요.

마르크스 소수의 부르주아 계급이 분산되어 있던 다양한 생산
방법과 소유, 인구를 하나의 틀에 집중화시켜 지배하고 있습
니다. 이에 따라 정치도 집중화를 꾀했습니다. 즉 이해 관계,
법률, 정부, 관세가 서로 다르지만 동맹 관계를 통해서만 겨
우 연결되어 있던 독립적인 각 지방들이 하나의 국가로 통합
되어 하나의 정부, 하나의 법률, 하나의 계급 이익, 하나의
조세 제도 속에 살고 있습니다.[82]

뤼즈 부르주아 계급은 결국 어떤 발전을 이루었습니까?

마르크스 약 100년 전부터 지금까지 권력을 쥐고 있는 계급인
부르주아 계급은 이전의 그 어떤 세대보다도 많고 거대한 생
산력을 창출했습니다. 자연 정복, 기계를 통한 생산, 공업과

농업 분야에 화학제품 도입, 기선을 이용한 항해, 철도, 전신, 세계 각지의 개간, 하천 항로의 개척, 마치 땅 밑에서 솟아난 듯한 엄청난 인구. 이 같은 엄청난 생산력의 잠재력을 사회에서 노동을 통해 이끌어낼 수 있다는 것을 과거의 어느 세기가 예상이나 할 수 있었겠습니까?[83]

뤼즈 그러니까 현재 자본주의가 고삐 풀린 망아지처럼 세계로 뻗어가고 있다고 볼 수 있군요.

마르크스 부르주아 계급은 언제나 새로운 판로에 목말라하며 전 세계를 누빕니다. 이를 위해 부르주아 계급은 여기저기에 진출하고 이것저것 이용하고 인맥을 맺어야 하죠. 부르주아 계급은 세계 시장을 이용해 모든 나라의 생산과 소비를 글로벌화시키고 있습니다. 혁명가들에게는 매우 절망적인 상황이 벌어졌습니다. 부르주아 계급이 산업의 국가 기반을 무너뜨린 것입니다. 오랜 국가 산업은 파괴되었고 지금도 매일 파괴되고 있습니다.[84]

뤼즈 이 같은 변화로 인간관계의 전통적인 구조 역시 달라지고 있습니까?

마르크스 낡고 녹슬어버린 모든 관계와 여기서 나오는 결과물들은 함께 해체됩니다. 여기서 말하는 결과물이란 아주 오랜 세월부터 존중을 받아 온 관념, 견해를 가리킵니다. 새로 생겨나는 모든 것조차 자리를 잡기도 전에 이미 낡은 것으로

전락하고 맙니다.[85]

뤼즈 자본주의가 도래하면서 현재 나타나고 있는 주요 모순은 무엇입니까?

마르크스 지난 수십 년간 공업과 상업의 역사는 '근대의 생산 관계 즉 부르주아 계급이 존립하기 위해 꼭 필요한 조건이라 할 수 있는 근대의 소유 관계'에 대한 반항의 역사에 지나지 않습니다. 근대적 생산관계와 소유관계야말로 부르주아 계급의 존재와 지배를 가능하게 해주는 조건입니다. 정기적으로 무역 위기가 발생하면 부르주아 사회의 존재가 위협을 받게 됩니다. 위기가 발생할 때마다 이미 만들어진 대량 제품뿐만 아니라 기존의 많은 노동력도 폐기됩니다.[86]

> 《 다른 시대 같으면 생각지도 못한 전염병이 현재 사회를 공격하고 있습니다. 바로 과잉생산의 전염병입니다. 》

뤼즈 이런 모순은 어떤 특징을 갖고 있습니까? 넘치는 풍요로 오히려 위기가 생기다니 심각한 패러독스라 할 수 있지 않을까요?

마르크스 다른 시대 같으면 생각지도 못한 전염병이 현재 사회를 공격하고 있습니다. 바로 과잉생산의 전염병입니다. 현대 사회는 갑자기 야만적인 사회로 후퇴했습니다. 마치 기아, 대규모 전쟁으로 모든 생존 수단이 끊기고 산업과 무역이 활기를 잃은 것처럼 보입니다. 왜 그럴까요? 사회가 지나치게

문명을 추구하고 다양한 생활 수단, 거대화된 공업과 상업이
지나치게 넘쳐나기 때문입니다.[87]

**뤼즈 제가 선생님의 말씀을 제대로 이해한 것이라면, 활발하게 이루
어지는 생산력에게 맞지 않는 것은 생산수단의 소유관계입니까?**

마르크스 사회가 가지고 있는 생산력은 더 이상 부르주아적 문
명과 부르주아적 소유관계에 유리하게 작용하지 않습니다.
오히려 반대로, 사회가 가지고 있는 생산력은 부르주아적 소
유관계가 감당할 수 없을 정도로 지나치게 강력해져 이제는
부르주아적 소유관계가 생산력을 방해하게 됩니다. 그리고
사회의 생산력은 이 같은 방해를 극복할 때마다 부르주아 사
회 전체의 혼란을 가속화시키고 부르주아적 소유의 존재를
위태롭게 합니다.[88]

**뤼즈 이를 견디는 사람들에게 인간에 의한 인간의 착취는 어떤 모
습으로 나타납니까?**

마르크스 부르주아의 자본이 성장하면 프롤레타리아 계급 즉 일
자리를 찾아야만 살아갈 수 있고 더불어 노동으로 자본을 불
려야 하는 근대 노동자 계급도 늘어나게 됩니다. 매일 자신
의 노동력을 팔아야 하는 노동자들은 그야말로 무역에서 거
래되는 여타 상품과 다를 바가 없죠. 노동자 역시 상품처럼
치열한 경쟁, 시장의 변화를 맞게 됩니다. 기계화가 확산되
고 분업이 이루어지면서 프롤레타리아의 노동은 자율성을

잃게 되고 결국 프롤레타리아 역시 경쟁력을 잃어갑니다. 노동자는 단순히 기계의 부품이 되어 단순하고 쉽게 배울 수 있는 일만 하게 되죠.[89]

뤼즈 **『독일 이데올로기』**에서 선생님은 기업인이 파산하면 마치 소득이 없는 실업자처럼 사회의 빈털터리가 된다고 하셨습니다. 이처럼 자본주의 사회에서는 누구나 자칫 잘못하면 노동자 계급으로 되돌아갈 수 있습니까?

마르크스 과거 중하위 계급을 차지했던 소상공인, 자영업자, 연금 생활자, 기술자, 농부 등은 현재 단순 노동자로 전락하고 있습니다. 우선 이들은 자본금을 적게 가지고 있는 탓에 대기업의 방식처럼 자본을 운용할 수 없습니다. 대자본가들과 경쟁에서 질 수밖에 없습니다. 그리고 아무리 기술이 있어도 새로운 생산방식 앞에서는 초라해지기 때문입니다. 그렇다 보니 국민 전체가 프롤레타리아 계급이 되고 있습니다.[90]

뤼즈 자본주의의 세계화가 경제에 미치는 영향을 살펴봤는데, 그렇다면 인간에게는 어떤 영향을 끼칩니까? 우선 이익 추구를 위해 이용되는 하루 노동의 시간은 어떻습니까?

마르크스 하루의 노동시간이란 무엇일까요? 자본이 하루 동안 노동력을 구입해 소비할 수 있는 시간은 무엇일까요? 과도

• *Die Deutsche Ideologie*. 엥겔스와 경제학 연구를 하며 집필한 저서.

한 하루의 노동시간은 어느 정도까지 연장될 수 있을까요? 이 같은 질문에 대해서는 자본이 이런 대답을 줍니다. '하루 노동시간은 24시간 풀타임인데 이 중 몇 시간은 휴식 시간이다. 휴식 시간이 없으면 노동자는 일을 시작하지 않으려 할 것이기 때문이다. 노동자는 평생 노동력을 제공하는 존재이며 노동자의 모든 시간은 자본과 자본 축적에 속한 노동시간이다.'[91]

뤼즈 인간이 생산력으로만 간주되다니 두려운 일입니다. 평생의 시간을 노동을 위한 시간으로 지배하는 이 같은 논리는 어떻게 나타납니까?

마르크스 교육의 지식 계발을 위한 시간, 부모 및 친구와 보내는 시간, 몸과 마음을 자유롭게 움직이며 쉬는 시간, 일요일을 즐기는 시간, 그저 꿈같은 이야기죠! 자본가의 무분별한 탐욕, 과도한 초과 근무 지시로 노동자는 하루하루 사기가 극도로 저하되고 정신적으로 지쳐갑니다. 자본은 노동자에게서 자기 계발과 건강관리에 필요한 시간, 자유롭게 공기를 들이마시고 햇빛을 쬘 시간마저 빼앗아갑니다. 자본은 노동자의 휴식 시간을 어떻게든 줄여 생산을 높이는 일에 이용하려고 합니다. 그 결과 노동자는 단순한 기구로 전락하고 주는 음식을 받아먹습니다. 마치 인간이 주는 석탄이나 기름을 수동적으로 받는 보일러나 기계 같은 처지로 전락하게 됩니다. 자본은 노동자가 잠잘 시간마저 최소로 줄입니다. 하지

만 노동자가 필요한 힘을 다시 얻으려면 충분히 잠을 자야하
는 것이 맞습니다. 잠을 제대로 자지 못한다면 신체가 피로
해져 더 이상 제 기능을 못하기 때문입니다.[92]

**뤼즈 그러니까 모든 관계를 고려해보면, 노동자는 현대판 노예라
할 수 있겠군요.**

마르크스 노예 주인은 쇠고기를 사듯 노동자를 삽니다. 노예 주
인에게 노예는 자본이므로 노예를 잃는다는 것은 자본을 잃
는 것과 같습니다. 즉 노예 시장에서 새로운 노예를 사야지
만 잃어버린 노예라는 자본을 다시 회복할 수 있습니다.

(마르크스는 자리에서 일어나 오래된 노트를 집더니 펼쳐서 읽는다)

"주인의 입장에서 노예를 소유할 때 이익이 발생한다면, 즉
노예가 경제적인 가치가 있을 때는 주인은 노예에게 어느 정
도 인간적인 대접을 해준다. 하지만 노예무역이 허용되면서
노예의 희귀성이 사라진다. 이제 노예는 쉽게 다른 외국산 흑
인으로 대체할 수 있는 존재가 된 것이다. 따라서 노예의 생
산력이 중요하지 노예의 목숨 따위는 중요하지 않게 된다."
이는 존 엘리엇 케언스*의 보고서입니다. 하지만 단어를 바꾸
면 여러분의 이야기가 됩니다. 노예무역 대신 노동시장이라
는 단어를 넣어 읽어 보십시오. 버지니아 주와 켄터키 주 대
신 아일랜드, 영국, 스코틀랜드, 웨일즈의 농업 지역이라는

• John Elliott Cairnes(1823~1875). 아일랜드의 경제학자.

단어를 넣어 읽어 보십시오. 아프리카 대신 독일이라는 단어를 넣어 읽어 보십시오. 런던의 정제업자들이 초과 노동으로 죽어가는 이야기는 유명하죠. 그런데도 런던의 노동시장은 정제업精製業* 에 지원하려는 사람들로 넘쳐납니다. 독일의 경우 대부분 과로로 요절할 지경입니다.[93]

뤼즈 또한 노동력으로서의 아동과 함께 교대 시스템에 대해서도 언급하고 계신데요, 자본주의의 원시적(초기) 축적은 어떤 형태로 이루어집니까?

마르크스 극도로 피로한 산업 분야의 경우도 노동자 한 명의 하루 노동 시간은 공식적으로 12시간을 넘지 않게 되어 있습니다. 야간 근무 혹은 주간 근무 모두 마찬가지입니다. 12시간 이상 보다 더 많은 시간을 일하는 직업도 많이 있습니다. 영국의 공식 보고서 표현을 빌린다면 '정말 공포스러울' 정도입니다. "아동 노동이 얼마나 심각한지 아무도 생각하지 못할 것이다. 증언에 따르면 9~12세 아동이 엄청난 노동에 시달리고 있다고 한다. 이런 상황이 일상적으로 일어나다 보니 사람들은 부모와 기업가가 아동의 노동력을 단 1분이라도 함부로 이용하도록 허용해서는 안 된다는 인식을 못하고 있다." 보고서의 설명입니다.[94]

• 물질에 섞인 불순물을 없애 그 물질을 더 순수하게 하는 일.

뤼즈 이 같은 노동 착취로 인해 인격이 어떻게 말살되고 있습니까?

마르크스 첫째, 생산력들은 개인들로부터 완전히 독립적이고 분리된 것으로, 개인들의 바깥에 독립적인 세계로 나타납니다. 그 이유는 생산력의 힘이 되는 개인들이 분열되고 서로 대립하는 개인으로서 존재하기 때문입니다. 반면, 이러한 생산력들은 다른 한편으로는 이 같은 개인들의 상업(거래)과 상호의존성 안에서만 실질적인 힘이 됩니다. 따라서, 한 편으로는, 생산력들의 총체에 관한 것인데, 이 생산력들의 총체는 하나의 사물적인 형태를 취해왔고 더 이상 개인들 자신에게는 개인들의 힘이 아니라 사적 소유의 힘입니다. 따라서 생산력들의 총체는 사적 소유자가 된 개인들의 힘일 뿐입니다.[95]

뤼즈 이런 상황에서 노동은 그야말로 비인간적이군요.

마르크스 개인들이 생산력을 발휘하고 삶을 이어나갈 수 있게 해 주는 유일한 연결고리는 노동입니다. 그러나 개인들은 이미 노동을 통한 자기 표현 능력을 상실해 버렸고 노동을 해도 아무런 발전 없이 그저 하루하루 삶을 연명할 뿐입니다.[96]

뤼즈 이 같은 생산방식이 농업에 적용된다면 어떤 결과가 생겨납니까?

마르크스 농업 역시 제조와 마찬가지로 생산이 자본주의화 되면 착취가 일어납니다. 노동이 노동자를 길들이고 착취해 벗겨먹는 방식이 되죠. 노동자의 생기, 자유, 개인적인 독립성을 모두 억압하게 됩니다. 농사를 짓던 사람들이 점차 대형 매장에서 일을 하게 되면서 저항심이 꺾여 순하게 길들여집니다. 그리고 농사를 짓던 사람들이 도시로 몰리면서 도시 노동자들이 넘쳐나게 됩니다. 근대 농업 역시 도시 산업과 마찬가지로 노동력을 있는 대로 짜내어 생산력과 이익을 올리려 합니다.[97]

뤼즈 과도한 생산력 추구가 이어지면 다른 결과는 없습니까?

마르크스 농업이 자본 수익을 얻으려 할수록 노동자의 착취가 늘어날 뿐만 아니라 토지도 고갈됩니다. 생산력에 집착할수록 토지는 황폐화됩니다. 미국 같은 국가 하나가 대량 산업을 기반으로 성장할수록 파괴 과정은 더 빨라집니다. 자본을 늘리기 위한 생산이 기술을 발전시키고 생산과정을 발전시키려면 모든 부가 나오는 두 가지 원천 즉 토지와 노동자를 고갈시킬 수밖에 없습니다.[98]

뤼즈 자본주의로 인해 비인간화가 이루어지고 생태계가 파괴된다는 말씀이 많이 와 닿습니다! 자본주의가 이 심각한 상황을 통제할 수 없다는 의미시죠?

마르크스 생산, 교역, 소유에 대한 부르주아적 방식은 어느 정도 성공을 거두기는 했습니다. 근대 부르주아 사회는 막강한 생산방식을 탄생시켰습니다. 하지만 막강한 생산방식을 통제하지 못하는 부르주아 사회는 마치 사악한 힘을 통제할 능력이 없어진 마법사와 닮았습니다. 수십 년 전부터 산업과 무역의 역사는 노동자들이 근대적 생산관계, 소유관계에 반항하는 역사에 지나지 않습니다. 근대적 생산관계, 소유관계야말로 부르주아 계급의 존재와 지배를 가능하게 해주는 조건입니다.[99]

뤼즈 통제불가능하고 절제도, 이성도 없는 발전처럼 느껴집니다. 이는 세계에서 통용되는 시장 법칙들의 그 '잘난' 조항과 함께 두드러집니다. 지금은 부르주아 경제학자들이 인민 주권에 반대하며 내세우는 것이 바로 세계에서 통용되는 시장 법칙들이죠. 부르주아 시스템의 주기적인 위기는 어떻게 이해할 수 있습니까?

마르크스 상업적 위기가 좋은 예입니다. 상업적 위기가 발생하면 여러 위기를 극복해 왔던 부르주아 계급에게 위협이 됩니다. 그리고 상업적 위기가 발생하면 현존하는 생산물뿐만 아니라 그 이전에 만들어진 생산력의 상당 부분이 주기적으로 파괴됩니다.[100]

뤼즈 풍요로운 사회가 오히려 생산된 부를 폐기해야 하는 상황을 맞다니 정말로 아이러니합니다. 여기에 이미 훼손된 자연은 고갈되고 있고 인간은 제대로 먹지 못하고 있습니다. 자본주의의 세계화는 언젠가 그 한계를 드러내 붕괴할 것이라 보십니까? 지금의 자본주의가 과연 오래 버틸 수 있으리라 보십니까?

마르크스 사회의 생산력은 더 이상 부르주아 문명과 부르주아의 소유관계를 발전시켜주지 않습니다. 오히려 생산력이 너무 활발해 과도한 생산이 일어나면서 부르주아적 체계가 방해물이 되고 있습니다. 부르주아적 체계가 과다 생산력을 통제하지 못한다면 결국 부르주아 사회가 혼란스러워지고 부르주아의 사유재산도 위협을 받게 됩니다.[101]

뤼즈 마르크스 선생님, 인생의 대부분을 바치신 연구 결과를 이렇게 설명해주셔서 감사합니다. 노동자 계급이 투쟁할 수 있도록 자본주의 이론을 쉽게 설명해주신 덕분에 도움이 많이 되었습니다. 내일 다시 찾아뵙고 노동자 계급의 투쟁과 이에 대한 선생님의 역할에 대해 함께 이야기 나누도록 하겠습니다. 안녕히 계십시오. 건강 잘 챙기시길 바랍니다.

두번째 인터뷰

해방

앙리 페나 뤼즈 마르크스 선생님, 또 뵙습니다. 선생님께서는 저서를 통해 자본주의의 착취 메커니즘과, 학문이라는 이름으로 자본주의를 정당화하는 이데올로기 메커니즘을 상세히 밝힌 바 있습니다. 선생님의 저서는 노동자가 해방 운동을 벌일 수 있도록 귀한 도움을 주고 있습니다. 라틴어 'emancipatio'는 가장家長 역할(노예라는 의미의 '만치피움Mancipium')에서 벗어나는 일을 가리키는데, 한마디로 '해방'을 의미합니다. 착취당하는 노동자들의 해방에 대해 어떻게 보십니까?

칼 마르크스 노동자 계급의 해방은 노동자 스스로 얻어내야 합니다. 노동자 계급의 해방 투쟁은 특권과 계급의 독점을 얻기 위한 투쟁이 되어서는 안 됩니다. 그보다는 동등한 권리와 의무를 설정하고 그 어떤 계급도 독점 지배하지 못하도록 하는 투쟁이 되어야 합니다.[102]

뤼즈 프롤레타리아의 해방은 어떤 면에서 보편적인 영향력을 갖고 있다고 할 수 있습니까?

마르크스 노동자는 일자리를 주는 고용인에게 경제적으로 종속되어 있습니다. 즉 노동자는 생존권을 고용인에게 저당 잡혀 있기 때문에 갖가지 형태로 노예 같은 상태와 사회적으로 비참한 상황에 놓이고 지적으로도 무능해지며 정치에 의존하게 됩니다. 따라서 노동자 계급의 경제 해방이야말로 모든 정치 운동을 통해 실현해야 할 원대한 목표가 되어야 합니다. 노동자 계급을 경제적으로 해방시킨다는 목표를 실현하고자 갖가지 노력이 지금까지 이어지고 있지만 결실을 거두지 못했습니다. 한 국가 안의 여러 직종에 종사하는 노동자들도 협력이 안 되었고 여러 나라의 노동자끼리도 동료애 넘치는 끈끈한 협력이 안되었기 때문입니다. 노동자 계급의 해방은 지역적인 문제도, 국제적인 문제도 아니고 사회적인 문제이기 때문에 근대 사회를 이룬 모든 나라가 관계되는 문제입니다. 그리고 노동의 해방이 이루어지려면 선진국들의 이론적이고 실질적인 협력이 필요합니다.[103]

《 기술의 승리는 이루었지만 대신 윤리의 타락이 생겨난 것 같습니다. 》

뤼즈 우리 시대에서 가장 뚜렷한 모순은 무엇입니까?

마르크스 우리가 살아가고 있는 지금의 시대는 분명 모순으로 가득하지만 이에 대해 용기 있게 비판하는 사람이 없습니다. 한편으로는, 산업과 과학이 발전하면서 그 이전 시대에 생각 지도 못했던 편리한 생활이 보장되었으나 또 다른 한편으로 는, 로마 제국 말기 때의 공포를 능가하는 쇠퇴의 징후도 존재합니다. 요즘 시대에는 하나 하나가 모두 모순투성이처럼 보입니다. 인간의 노동량을 줄여주는 대신 노동 생산력을 높이기 위해 탄생한 기계가 오히려 인간으로부터 노동을 빼앗아 가고 있습니다. 풍요로운 생활을 가능하게 하는 부의 원천이 새롭게 발견되었지만 되려 새롭게 발견된 부의 원천들이 이상한 방향으로 왜곡되어 새로운 고통을 안겨주고 있습니다. 기술의 승리는 이루었지만 대신 윤리의 타락이 생겨난 것 같습니다.[104]

뤼즈 정말로 탁월한 진단이십니다! 현대 사회는 발전을 이루었지만 동시에 모순적인 면도 많이 생겨났다는 말씀이시죠. 이러한 모순에 대해 구체적으로 설명해 주시겠습니까?

마르크스 인간은 자연을 지배하면서 마찬가지로 인간도 지배하는 구조를 만들어 가거나 야비해집니다. 제아무리 순수한 과학의 빛도 무지몽매한 상황에서는 밝은 빛을 내지 못합니다. 우리가 지금까지 발견한 것들, 그리고 지금까지 이룩한 발전이 물질적인 능력에 지적인 능력을 안겨주기도 했으나 동시에 인간의 삶을 물질만능주의로 피폐하게 만들기도 하는 것 같습니다. 한편으로는 근대산업과 근대과학이 발전하고 있지만 다른 한편으로는 인간이 비참한 상황에 놓이기도 하고 도덕이 땅에 떨어지고 있기도 합니다. 또한 생산력은 늘어나고 있지만 고용주와 노동자 사이의 관계는 악화되고 있는 것도 분명한 사실입니다. 이런 상황을 안타깝게 생각하는 사람들이 있는가 하면, 근대의 갈등에서 조금이라도 벗어나고자 근대의 기술에서 해방되고 싶어 하거나 산업이 엄청나게 진보하면 정치가 필연적으로 상당히 후퇴하게 될 것이라고 생각하는 사람들도 있습니다.[105]

뤼즈 부의 생산과 분배가 지금과는 다른 새로운 방식으로 이루어지려면 누구에게 기대를 걸어야 합니까?

마르크스 현재의 다양한 모순을 끊임없이 부추기는 교활한 사상에 휩쓸리지 말고 올바른 생각을 가져야 합니다. 사회의 새로운 힘이 효력을 발휘하려면 한 가지가 필요한데, 바로 이 새로운 힘을 가진 새로운 사람들입니다. 이 새로운 사람들이란 바로 노동자들입니다.[106]

뤼즈 산업혁명과 자본주의의 중심인 영국에서 노동자 계급은 사회 혁명이 필요하다는 생각에서 등장한 존재라 할 수 있습니까?

마르크스 영국에서 노동자 계급은 근대 산업에서 처음으로 등장했습니다. 영국의 노동자 계급이 아니더라도 사회 혁명을 바라는 이들은 앞으로도 계속 나올 것입니다. 사회 혁명은 근대산업의 산물이기도 합니다. 즉 근대산업으로 자본이 지배하고 노동자가 노예처럼 예속되는 구조가 전 세계로 확대되자 전 세계에서 노동자 계급을 해방하고 이 같은 움직임을 세계로 확대하려는 혁명입니다.[107]

《 지금까지 일어난 모든 사회의 역사는 계급투쟁의 역사라 할 수 있습니다. 》

뤼즈 자본주의가 지나친 성과 위주를 조금은 자제하고 있지만 계급투쟁은 현재 그 어느 때보다 심각하게 이뤄지고 있습니다. 인간의 역사에서 계급투쟁은 어느 시대부터 시작되었습니까?

마르크스 지금까지 일어난 모든 사회의 역사는 계급투쟁의 역사라 할 수 있습니다. 자유인과 노예, 세습 귀족과 평민, 영주와 농노, 동업조합의 대표와 직공 등, 한마디로 지배하는 자와 억압받는 자가 끝없이 공개적으로 혹은 내밀하게 투쟁을 했습니다. 이 같은 투쟁으로 결국 사회 전체에 혁명적인 변화가 일어나기도 하고 투쟁하는 두 계급이 사라지기도 했습니다. 역사의 초기 시대에는 사회의 구조가 두 계급으로 나뉘어졌고 사회 조건은 아주 다양한 서열로 세분화되었습니다. 고대 로마 시대에 계급은 세습 귀족, 기사, 평민, 노예로 이루어져 있었고 중세시대에는 영주, 봉신, 주인, 직공, 농노로 되어 있습니다. 그리고 각 계급마다 새로운 서열이 생겼습니다.[108]

뤼즈 우리 시대가 많이 달라지기는 했지만 선생님께서는 아직 변화하려면 멀었다고 보시는 것 같습니다.

마르크스 봉건사회가 무너지고 근대 부르주아 사회가 탄생했지만 여전히 계급 갈등은 끝나지 않았습니다. 오히려 새로운 계급, 새로운 방식의 억압과 새로운 형식의 투쟁이 생겨났을 뿐이죠. 그러나 요즘 시대, 즉 부르주아 시대가 예전 시대와 다른 점은 계급의 대립 구도가 단순해졌다는 것입니다. 사회 전체가 점점 크게 두 개의 계급으로 나뉘어 직접 부딪치며 충돌하고 있는데 바로 부르주아 계급과 프롤레타리아 계급이 이 거대한 두 계급입니다.[109]

뤼즈 부를 생산하는 데 기여하면서도 정당한 대가를 받지 못하는 사람들을 해방시키자는 것이 요즘의 화두입니다. 현재의 상황이 드디어 한계에 도달한 것입니까?

마르크스 생산력이 커지다보면 생산력과 분배 방식이 공정하지 않게 되어 갈등이 생겨나게 됩니다. 이러한 생산력과 분배방식은 더 이상 생산하는 힘이 아니라 파괴적인 힘이 됩니다. 다시 이전 시대와 비슷하게 사회에서 각종 책임은 다 지면서 정당한 대가도 받지 못하고 사회에서 소외되어 어쩔 수 없이 다른 모든 계급들과 가장 공공연하게 대립하게 되는 계급이 생겨납니다. 즉, 사회 구성원의 다수를 이루는 계급입니다. 이에 따라 극렬한 혁명이 필요하다는 의식이 생겨납니다. 즉, 공산주의 의식입니다. 또한 이 계급의 상황을 보게 되면 다른 계급들에서도 당연히 형성될 수 있는 의식입니다.[110]

뤼즈 사람이 사람을 지배하는 사회 구조에서는 필연적으로 사회적 모순이 생깁니다. 이 같은 지배와 피지배 구조의 사회에서 공통적으로 나타나는 현상은 무엇입니까?

마르크스 한정된 생산력을 사용하다 보면 특정 계급이 사회를 지배하게 됩니다. 각 시대, 각 국가마다 가진 것을 통해 사회적으로 힘을 얻게 된 지배 계급이 있어 왔습니다. 그와 함께 지배 계급에 대한 혁명적인 투쟁도 매번 일어났습니다.[111]

뤼즈 이 같은 상황에서 피착취 계급은 어떻게 저항을 할 수 있습니까?

마르크스 노동자들은 자신들의 봉급을 보호하기 위해 부르주아 계급에 대항해 동맹을 맺기 시작합니다. 나아가 노동자들은 영구적인 협회까지 구성해 저항을 준비하고 이렇게 해서 투쟁이 일어납니다. 간혹 노동자들이 승리하기도 하지만 이는 일시적인 것일 뿐입니다. 노동자들의 투쟁은 즉각 성공을 거두기보다는 노동자들의 연합을 강화하는 방향으로 가게 될 때 진정한 결과를 이룩했다 볼 수 있습니다. 커뮤니케이션 수단이 늘어나면 노동자들의 연합이 쉬워집니다. 커뮤니케이션 수단은 거대 산업으로 생겨나고 서로 다른 곳에 사는 노동자들이 연락할 수 있습니다. 그렇게 함으로써 여러 곳에 흩어져 있는 투쟁을 일원화 할 수 있습니다. 그렇게 되면 비슷한 성격의 여러 곳의 투쟁은 국가적이며 단일적인 계급투쟁의 성격을 띠게 됩니다. 하지만 모든 계급투쟁은 정치적

투쟁이라 할 수 있습니다. 중세시대의 부르주아 계급은 교통이 발달하지 않아 수 세기 동안 마을과 마을을 잇는 길을 통해 서로 연락을 주고받으며 협력했으나 근대 프롤레타리아 계급은 철도 덕분에 어디에 있든지 서로 연락을 주고받고 협력하는 데 몇 년밖에 걸리지 않았습니다.[112]

뤼즈 아무리 어려운 장애물이 있어도 프롤레타리아 층은 계급으로서 정치적인 독립을 해야 한다고 보고 계시는군요. 이것이 장기적으로 가능합니까?

:: 〈필드 레인의 가난한 이들을 위한 숙소〉 19세기 런던의 빈곤층의 생활상을 묘사한 동판화.

마르크스 프롤레타리아 층이 계급을 이루어 정당을 만들 때마다 노동자들 사이의 경쟁으로 매번 무너지고 또 새로운 정당이 생깁니다. 하지만 새로운 노동자 계급 정당이 생겨날 때마다 강해지고 단호해집니다. 노동자 계급 정당은 부르주아 계급이 내부적으로 대립하는 동안 이를 이용해 노동 계급에게 유리한 조건을 법으로 정합니다. 영국에서 하루 노동시간을 10시간으로 정하는 '10시간 노동법'이 제정되었는데 이것이 대표적인 예입니다.[113]

뤼즈 특별히 아동 교육을 중요한 분야로 보고 계십니다. 노동자의 저항이 아동 교육에도 결과를 미쳤습니까?

마르크스 공장법loi de fabrique*의 교육에 관한 조항들은 별 것 아닌 것처럼 보여도 초등교육을 아동 노동의 의무조건으로 주장하고 있습니다. 이 같은 조항은 성공을 거두게 되어 학업과 체육을 육체노동과 결합시키고, 반대로 육체노동을 학업과 체육과 결합시키는 것이 가능하다는 사실이 실질적으로 처음 증명되었습니다. 그 후 공장 감독들은 담임 선생들과 면담하면서 공장에서 근무하는 아이들이 반나절만 학교에 가도 매일 학교에 다니는 평범한 아이들만큼 배울 수 있고, 심지어 더 많은 것을 배울 수도 있다는 사실을 알게 되었습니다.[114]

뤼즈 이 같은 성공을 본받아 비슷한 정책도 일반화될 수 있지 않을까요?

마르크스 로버트 오언**의 저서들만 봐도, 공장의 시스템에서부터 맨 먼저 미래의 교육이 싹튼 것을 알 수 있습니다. 모든 아이들이 일정 연령을 넘으면 생산적인 일을 하고 훈육과 체육

• 영국에서 공장 노동자들의 가혹한 노동 조건을 시정하기 위하여 시행된 법률의 총칭이다. 1802년의 도제법(아동 노동자 보호법)을 시작으로 1833년에는 일반 공장법이 성립하였다. 9~13세 어린이의 9시간 노동, 14~18세의 12시간 노동, 18세 미만의 야간 작업 금지, 공장 감독관 설치 등을 규정하였다. 1844년에는 여성 노동자의 보호 규정을 추가하였고, 1847년에는 여성과 연소자의 10시간 노동을 규정하였다.

•• Robert Owen(1771. 5. 4~1858. 11. 17). 영국 산업혁명기의 대표적 사상가이자 협동조합의 창시자. 사람의 인성은 환경의 개선에 의해 향상될 수 있다는 사상을 기초로 미국에 이상향을 만들기도 했다.

을 하는 교육입니다. 이는 사회 생산을 늘리는 방법일 뿐만 아니라 완전한 인간을 만드는 하나의 방법입니다.[115]

뤼즈 유급 노동의 경우 기계가 도입되면서 상황이 달라졌다 할 수 있습니까?

마르크스 거대산업은 한 사람이 평생 전문적으로 하나의 작업을 하는 기존의 제조 방식을 파괴하고 자본가가 좀 더 혹독한 조건으로 분업을 만들어 노동자를 기계의 부품처럼 만들어 버립니다.[116]

뤼즈 결국 노동자는 주체적으로 기계를 사용하는 것이 아니라 기계를 보조하는 역할로 전락한 것이군요. 그 결과 기존의 직업에 대한 개념도 깨지고 있습니다.

마르크스 거대 산업에서는 노동이 변하고 직책이 이동하며 노동자가 세계적으로 이동합니다. 또 한편으로 거대 산업은 예전부터 이루어지던 분업을 자본주의화하여 노동자에게 불리한 분업으로 변화시킵니다. 거대 산업은 기계를 필요로 하지만 이에 따라 자본주의 체제에서 노사 관계는 악화됩니다. 이 같은 모순으로 노동자들의 삶은 보장이 되지 않고 노동자들은 일자리를 빼앗기며 생존을 위협받게 되고 전문적 노동이 아닌 단순노동을 하게 되면서 잉여 노동력으로 전락하게 됩니다. '네가 나의 생계 수단을 빼앗아간다면 그것은 나의 생명을 가져가는 것과 같다.'(셰익스피어)[117]

뤼즈 '잉여'라… 끔찍합니다. 즉 노동조건이 불안정해진다는 의미군요. 노동자는 끝없이 해고 위협에 시달리고 노동조건은 계속 나빠집니다. 기술의 발전으로 생산력이 높아졌지만 결국 이것으로 실업률이 심해지는 것은 아닙니까?

마르크스 이 같은 모순 속에서 노동자들은 '산업예비군'이라는 끔찍한 상황을 맞이하게 됩니다. 자본가가 요구하면 언제나 노동력을 제공해야 하는 비참한 처지로 전락하게 됩니다. 그리고 노동자 계급은 주기적으로 대량 해고되고 노동력을 무자비하게 착취당하며 사회복지의 혜택은 제대로 받지도 못하게 됩니다. 경제가 발전할 때마다 노동자들이 수난을 겪는 부정적인 문제가 발생합니다.[118]

뤼즈 이렇게 발전해서 좋은 점도 있을까요? 제가 알기로 요즘 선생님께서는 가치 평가에 의해서가 아니라 변증법적인 관점에서 논하고 계십니다. 변증법적인 관점은 실제 존재하는 역학의 모순점을 지적하는 데 관심을 둡니다.

마르크스 그렇습니다. 거대산업으로 각기 다른 역할을 하던 개개인은 노동집단으로 전락해 온갖 잡일을 하는 존재가 되는 사회로 변합니다. 이렇게 단순한 노동 집단이 되면 선천적이든 후천적이든 다양한 능력을 갖고 있는 사람이더라도 단순노동자가 되어 언제든 부품처럼 교체가 가능해집니다.[119]

뤼즈 새로운 생산 방식과 이로 인한 새로운 분배 방식이 생겨나면서 본격적인 혁명이 일어나기도 전에 노동자 계급은 더 이상 착취를 당하지 않으려 노력하고 성장 위주의 논리와 맞서게 됩니다. 이를 통해 나타나는 공장의 규정들을 어떻게 보십니까?

마르크스 자본주의 생산으로 등장한 메커니즘에 대항하자는 의식으로 제일 먼저 마련된 법이 바로 공장법입니다. 공장법은 철도, 자동 기계, 전기 전신 같은 거대 산업에서 당연히 나타나게 됩니다. 공장법이 영국에서 어떻게 보편적으로 적용이 될지를 살펴보기 이전에 먼저 노동법에 구체적으로 명시되어 있지 않은 규정을 살펴볼 필요가 있습니다. 위생 규정은 자본가가 빠져나갈 구멍을 마련할 수 있을 정도로 대충 작성되는 경우가 많습니다. 즉 위생 규정은 벽을 깨끗이 하라는 지시, 몇 가지 청결과 환기 조치, 위험한 기계에 대해 조심하라는 예방 조치 정도만 언급되어 있을 정도로 허술합니다.[120]

뤼즈 데카르트*가 말했듯이 야만적인 자본주의는 노동자 보호 조치에 들어가는 비용을 최대로 줄이려고 합니다. 개인의 이익 추구가 전체의 이익에 기여한다는 자유주의의 사상(명제)은 실질적으로는 모순 아닌가요?

마르크스 노동자의 산업재해를 방지하기 위해 비용을 투자하라는 조항에 반대하는 제조업체들의 격렬한 저항을 살펴 보면 알 수 있습니다. 기본적으로 계급의 이익이 대립하는 사회에

• René Descartes(1596~1650). 프랑스의 철학자로 '근대철학의 아버지'라 불리며 합리주의 철학의 길을 연 인물이다.

서는 어쩔 수 없이 각자가 개인의 이익을 추구할 때에만 전체 이익을 위해 일하게 된다는 자유무역 지지자들의 이론을 다시 한 번 분명히 보여주는 부분입니다.[121]

뤼즈 애덤 스미스의 '보이지 않는 손'* 이론에 따르면 이기적인 개인들이 때가 되면 보이지 않는 어떤 기적적인 힘에 의해 자발적으로 전체의 이익을 추구하게 된다고 합니다. 그러나 애덤 스미스의 이론은 산업재해의 사례를 통해 모순점이 있다는 것이 증명되었습니다. 이와 관련한 예가 있으십니까?

마르크스 한 가지 예만으로도 충분합니다. 지난 30년의 초기에 아일랜드에서 아마** 산업과 타면打綿 공장∴이 크게 성장했습니다. 1864년에 이미 타면 공장이 1,800개 이상 있었습니다. 매년 봄과 겨울에 여성, 청소년, 근처 소농의 아들, 딸, 아내, 즉 기계에 대해 잘 모르는 사람들이 공장에서 타면기에 아마를 넣어 작업하는 일을 했습니다. 공장 역사상 그렇게 끔찍하고 많은 산업재해가 발생한 적이 없습니다. 킬디난 Kildinan∷의 공장에서만 1852년에서 1856년까지 여섯 명이 사망하고 60명이 심하게 사지가 절단되었습니다. 비용을 조금 들여 안전장치만 마련했어도 피할 수 있는 사고였습니다.[122]

• 개개의 모든 이해利害는 궁극적·자연적으로 조화를 이룬다는 사상.
•• 아마과의 한해살이풀. 껍질의 섬유로는 리넨 따위의 피륙을 짜고, 유사 이전부터 이집트와 소아시아에서 섬유 식물로 재배하였고 세계 각지에서 재배하고 있다.
∴ 아마를 털고 분해하는 공장.
∷ 아일랜드 제2의 항구도시 코크Cork 근방에 위치한 도시.

《 계급의 이익이 서로 대립하는 사회에서는 개개인이 전체의 이익을 위해 일한다 해도 종국에는 자신의 이익만을 추구하게 됩니다. 》

뤼즈 의사들의 증언을 통해 이 같은 비극적인 사실이 밝혀졌습니다.

마르크스 북아일랜드 남동부에 위치한 다운패트릭Downpatrick의 공장에서 근무하던 외과 의사 화이트는 1865년 12월 15일에 공식적인 보고서에서 다음과 같이 발표했습니다. "타면 공장에서 발생한 사고들은 정말로 최악이다. 사고를 당한 노동자 대부분이 사지가 거의 잘렸다. 부상을 당한 노동자들은 보통 죽거나 평생 불구로 비참하게 살아야 한다. 이 지역에 공장이 늘어나면서 산업재해의 끔찍한 피해도 동시에 늘어난다. 정부가 제대로 된 감시만 해도 이 같은 인재人災들은 대부분 피할 수 있을 것이다." 법이 강제적으로 정하고 정부가 명령을 내려야만 그나마 기본적인 위생 정책이 겨우 마련되는 것, 바로 이것이 자본주의 생산방식 아닙니까?[123]

뤼즈 노동이 인간적으로 개선이 이루어진 또 다른 예들이 있습니까?

마르크스 1864년의 공장법을 통해 이미 도기陶器 제조소 2백 곳 이상이 깨끗하고 위생적으로 변했습니다. 이곳에서는 20년 동안 위생 조치라는 것이 없었습니다(그럴만한 자본이 없었기 때문입니다). 도기 제조소에서 2만 7천8백 명의 노동자들이 빽빽하게 들어앉아 밤낮으로 일했고 악취로 가득한 공기를 들이마시며 각종 병에 노출되거나 또는 사망하기도 했습니다. 일 자체보다는 노동조건이 좋지 않았습니다. 그러나 1864년의 공장법에 의해 환기 장치를 마련하는 조치가 늘어났습니다.[124]

뤼즈 법정 노동시간을 제한하기 위해 노동자들이 벌인 투쟁이 결정적이고 의미가 있다고 보고 계시는군요. 이 같은 노동자들의 투쟁은 법정 노동시간을 최대한으로 늘리려는 자본가들의 초기 성향과 어떻게 부딪치고 있습니까?

마르크스 노동시간을 법제화하려는 역사는 어느 분야이건 간에 투쟁이 계속 되고 있습니다. 즉 개인 노동자는 자신의 노동력을 자유롭게 파는 사람으로서 자본주의 생산이 한계에 다다르면 이에 저항도 못해보고 과로로 쓰러집니다. 그래서 정상적인 노동시간 범위가 정해졌는데 이는 자본가 계급과 노동자 계급이 오랫동안 남모르게 충돌하면서 생겨난 결과입니다. 노동시간에 관한 투쟁은 근대산업 분야에서 시작되었기 때문에 근대산업 국가인 영국에서 먼저 일어나게 되었습니다.[125]

뤼즈 자본주의는 국경 없이 대규모로 발달했기 때문에 다른 나라에서도 법정 노동시간을 위한 투쟁이 일어났습니다. 언젠가 전 유럽이 다양한 노동자 계급을 아우르는 단일 노동법이 생겨날 수 있다고 보십니까?

마르크스 프랑스는 조금씩 영국의 길을 따라가고 있습니다. 1848년 2월 혁명*의 발생과 함께 프랑스에는 12시간 노동법이 만들어졌습니다. 하지만 영국의 노동시간법에 비하면 많이 부족했습니다. 그러나 프랑스의 혁명적인 노동법은 나름의 장점도 있었습니다. 모든 소규모 작업장과 공장의 노동시간이 일정하게 제한된 것입니다. 반면 영국의 법은 주변 상황의 압력에 굴복해 일정 부분을 양보함으로써 각종 법적인 어려움이 나타나게 되었습니다. 프랑스의 법률은 아동, 미성년자, 여성을 배려하는 방향으로 정해졌고 이는 영국의 법률이 획득하지 못한 부분입니다. 그리고 프랑스 법은 얼마 전부터 노동시간 제한을 보편적인 권리로 정했습니다.[126]

뤼즈 프랑스와 영국의 법을 이해하는 시각은 아주 다릅니다. 영국은 판례 중심이고 프랑스는 공화주의적인 성격이 강합니다. 미국에서는 어떤 일이 일어나고 있습니까?

마르크스 북아메리카 대륙에 속한 미국에서는 노예제도가 오랫동안 공화국의 영토 일부분을 더럽히고 있는 동안, 종속에서 벗어나려는 노동자들의 운동 역시 마비상태에 빠져 있었습니다. 검은 피부의 노동이 낙인찍히고 굴욕을 받는 곳에서는 흰 피부의 노동도 해방될 수 없습니다. 그러나 노예제도가

• 1848년 2월 22일 파리에서 발생한 민중운동에 의해 24일에 공화주의자를 중심으로 하는 임시정부가 성립하여 1830년의 7월 혁명으로 세워진 루이 필립의 왕정을 무너뜨린 프랑스의 혁명.

폐지되면서 새로운 삶이 열렸습니다. 남북전쟁으로 가장 먼저 생긴 결과는 노동시간이 8시간으로 정해진 것입니다. 8시간 노동은 뉴잉글랜드에서 캘리포니아까지, 대서양에서 태평양까지 천리마의 기세처럼 빠르게 퍼져갔습니다.[127]

뤼즈 노동이 무급無給으로 노예와 비슷하게 착취되자 장시간 노동시간을 줄이려는 시도가 생겼습니다. 미국의 노동자들 역시 노동시간 제한법을 위해 연대해 투쟁하고 있습니까?

마르크스 볼티모어에서 열린 전국노동자대회(1866년 8월 16일)는 다음과 같은 선언을 했습니다. "현재 가장 시급한 것은 미국의 노동을 자본주의 노예제도에서 해방시키기 위해 아메리카 연방의 모든 주에서 노동시간을 8시간으로 제한하는 법을 공포하는 일이다. 우리는 이 같은 목표가 이루어질 때까지 모든 노력을 동원하기로 결심했다."[128]

뤼즈 프롤레타리아 층과 노예들이 연대하는 계기를 주었다는 점에서 미국의 예는 의미가 있습니다. 선생님께서는 1864년 12월 30일에 남북전쟁이 발발했을 때 국제노동자연맹을 대표해 아브라함 링컨에게 연대를 촉구하는 편지를 쓰셨습니다. 편지 구절의 내용을 알려주시겠습니까?

마르크스 (다시 한번 자리에서 일어나더니 벽난로 위에 있는 편지 뭉치를 집어 들어 펼치더니 어느 페이지를 찾아 감정을 넣어서 읽는다)

"30만 명의 노예 제도 지지자들의 과두 지배가 세계 연대기에서 처음으로 무장 반란의 깃발에 감히 노예제도라는 말을 새겨 넣었을 때, 약 1세기 전에 위대한 민주주의 공화국이라는 사상이 처음으로 나타난 곳에서 최초의 인권 선언이 등장하여 18세기 유럽 혁명에 처음으로 불을 붙였을 때, 반혁명파가 노예제도를 폐지하는 헌법에 반대했고 노예제도가 노동과 자본 관계로 인해 발생하는 심각한 문제를 해결해 주는 유일한 방법이라면서 노예제도가 유익한 제도라고 주장했으며 인간에 대한 소유권은 새로운 제도의 초석을 마련했다는 추잡한 궤변을 늘어놓았을 때, 유럽의 노동자들은 상류 계급이 남부 연합파 귀족의 대의를 광적으로 지지했다는 것에 경각심을 느끼기에 앞서 먼저 깨달은 사실이 있습니다. 노예제도 지지자들의 저항이 노동자들과 맞서는 자본가들에게 용기를 주어 자극할 수 있다는 사실, 그리고 대서양 저편에서(미국에서) 일어나는 이 거대한 투쟁(노예제도 지지자들의 저항)이 미래에 대한 노동자들의 희망 뿐만 아니라 노동자들이 과거에 쟁취한 것들까지 위협할 수 있다는 사실입니다."[129]

뤼즈 사회적이면서도 국제적으로 이전에 볼 수 없는 연대의 움직임이 나타나면서 피지배자들의 전통이 만들어졌습니다. 선생님께서 직접 작성하신 이 멋진 문장을 전에는 몰랐습니다. 다음 구절도 읽어주실 수 있으신지요?

(마르크스가 계속 나머지 구절을 읽는다)

마르크스 "미국의 노예제도에 반대하는 전쟁이 노동자 계급이 성장하는 새로운 시대를 열었습니다. 노동자 계급의 열정적이고 용기 있는 아들인 아브라함 링컨은 쇠사슬에 묶여 있던 종족(흑인 노예)을 해방시키기 위한, 그리고 올바른 세상을 다시 세우기 위한 전례 없는 투쟁으로 조국을 이끌 운명을 타고 났습니다. 유럽의 노동자들은 이를 새로운 시대가 열릴 전조로 보고 있습니다."[130]

뤼즈 그러니까 노동시간 제한을 위한 투쟁을 결정적으로 보고 계십니다. 이 투쟁은 세계적인 규모로 퍼지고 있습니까?

마르크스 런던 총의회의 제안으로 1866년 9월에 국제노동자연맹 회의가 제네바에서 열렸습니다. 국제노동자연맹 회의는 다음과 같은 의견을 발표했습니다. "우리는 노동시간 축소야말로 가장 먼저 이루어져야 할 조건임을 선언한다. 노동시간 축소가 제대로 이루어지지 않으면 해방을 실현하기 위한 노력이 물거품으로 돌아가기 때문이다. 우리는 법정 노동시간을 8시간으로 정할 것을 제안한다." 이와 같이 대서양의 양쪽에서 생산관계 그 자체로부터 본능적으로 탄생한 노동운동은 영국의 공장 감독이었던 손더즈R.J.Saunders가 다음과 같이 한 말이 정당하다는 것을 뒷받침해 줍니다. "노동시간이 제한되지 않고 노동시간 제한이 엄격하게 준수되지 않는 한 사회개혁은 성공할 수가 없다."[131]

뤼즈 지나치게 과도한 장시간의 노동이 인간을 피폐하게 만든다고

보고 계시는군요. 노동자가 이런 과중한 노동에 기꺼이 동의한다고 믿게 하는 기만적인 생각을 비판해야 하지 않을까요?

마르크스 우리 노동자는 생산 메커니즘이라는 온실 속에서 나옵니다. 노동자는 노동력이라는 상품을 가진 소유자로 시장에 나와 다른 상품을 가진 소유자들과 거래했습니다. 노동자가 노동력을 파는 계약은 두 사람의 자유의지에서 나온 합의에 의해 이루어졌습니다. 하지만 일단 계약이 체결되면 노동자는 더 이상 자유로운 존재가 아니고 노동력을 파는 시간의 범위도 마음대로 정할 수 없다는 사실을 알게 됩니다. 그리고 뿐만 아니라 노동자는 자신에게 마지막으로 남아 있는 근육, 신경, 피 한 방울마저 자본가라는 흡혈귀가 전부 빨아먹는다는 또 하나의 현실도 알게 됩니다. 이 같은 상황에서 스스로를 지키려면 노동자들은 단순하게 있어서는 안 됩니다. 노동자들은 집단적인 노력을 통해, 계급의 힘을 보여주는 압박을 통해, 철통 같은 벽을 세워야 합니다. 여기서 말하는 철통 같은 벽이란 노동자들과 그 자녀들이 자본가에게만 유리한 계약에 의해 자본에 팔리고, 나아가 노예처럼 착취 당해 과로사를 맞이하는 것을 막아주는 사회적인 차단 장치입니다.[132]

뤼즈 인권선언을 보면 매우 추상적으로 느껴집니다. 반면 노동 착취 시간을 제한하는 부분은 구체적으로 조금씩 발전되고 있습니다.

마르크스 장황한 '인권선언'을 대신해 법정 노동시간을 정하고 언제부터 언제까지 노동자가 노동을 제공하는지를 분명히 명시하는 좀 더 간단한 대헌장이 나왔습니다.[133]

뤼즈 프랑스에서는 1848년 2월 혁명과 6월 항쟁[*]**으로 노동권이라는 개념이 나왔습니다. 하지만 노동권이라는 표현은 금세 없어져 버렸습니다. 노동권이라는 표현은 혁명적인 영향력이 있었습니까? 간단히 말해 권리를 조금씩 획득해 가면서 혁명을 준비할 수 있는 것입니까?**

마르크스 1848년 2월 혁명 이전에 작성된 헌법 초안에 '노동권'이란 표현이 처음으로 등장합니다. 이 노동권에는 프롤레타리아 계급이 제시하는 획기적인 요구 사항이 정리되어 나옵니다. 그러다가 노동권이 구제권droit à l'assistance이라는 용어로 바뀝니다. 근대국가가 극빈자들을 먹여 살릴 수 없다니 말이 안 된다는 것이죠! 부르주아적인 의미에서 노동권은 헛되고 가련한 소망입니다. 하지만 노동권은 자본에 대한 힘을 키우자는 것입니다. 자본에 대한 힘을 키우자는 것은 생산수단을 점유하여 이 생산수단을 노동자 계급에게 종속시키자는 의미입니다. 다시 말해, 자본과 노동의 상호관계를 폐지시키자는 것입니다.[134]

---

[*] 1848년 6월에 일어난 노동자 봉기.

뤼즈 개혁이 부분적으로 성공하게 되면 혁명을 위한 시도가 생겨납니다. 1871년 파리 코뮌은 '하늘*에 대한 공격'이라고 말씀하셨습니다. 파리 코뮌은 목표가 너무 높았던 것입니까? 선생님께 파리 코뮌은 어떤 의미입니까?

마르크스 파리 코뮌은 노동자 계급이 다수의 파리 중산층, 가게 주인, 그리고 상인들로부터 유일한 사회개혁 세력으로 인정받은 첫 혁명의 사례입니다. 여기에 지지를 보내지 않은 유일한 계급은 부유한 자본 계급뿐이었죠.[135]

뤼즈 파리 코뮌에 대해 설명해 주십시오.

마르크스 3월 18일 새벽, 파리에 '코뮌 만세'라는 큰소리가 울려퍼졌습니다. 부르주아 계급을 깜짝 놀라게 한 코뮌은 과연 무엇일까요? 중앙위원회는 3월 18일 선언에서 지배 계급의 실책과 무능을 보며 프롤레타리아 계급은 공공 분야를 장악해 상황을 바로 잡을 때가 왔다는 것을 깨달았고, 프롤레타리아 계급은 운명을 스스로 개척하고 정권을 장악해 이에 대한 승리를 얻어내야 한다는 것을 깨달았지만, 프롤레타리아 계급인 이들 노동자 계급은 사사로운 이익을 위해 정부를 장악해 운영하는 것에 그치지 않겠다고 밝혔습니다.[136]

뤼즈 프롤레타리아 계급은 어떤 개혁을 원했습니까?

• '하늘'은 '이상적인 높은 목표'를 의미함.

마르크스 파리의 프롤레타리아 계급은 1848년 2월, '사회주의 공화국 만세'를 외치며 혁명을 일으켰습니다. 진정한 공화국을 바라는 간절한 외침이었습니다. 진정한 공화국은 전제 정치를 무너뜨리는 것으로 끝나는 것이 아니라 계급에 의한 지배 자체도 무너뜨려야 한다고 본 것입니다. 코뮌은 진정한 공화국 가치를 실현하려 했다는 점에서 긍정적인 시도였습니다. 옛 정권의 중심지이자 프랑스 노동자 계급의 사회적 요새이기도 한 파리는 임시정부의 수반인 아돌프 티에르˙와 부르주아들이 왕정복고를 시도하자 이에 맞서 무기를 들었습니다.[137]

뤼즈 이 같은 변화를 이끈 모범적인 정책은 무엇입니까?

마르크스 코뮌의 첫번째 법령은 상비군을 없애고 인민이 직접 무기를 들게끔 한 것입니다. 코뮌은 파리의 여러 구에서 보통 선거로 선출된 시의회 의원들로 구성되었습니다. 시의회 의원들은 책임감을 갖고 일했고 잘못하면 언제든 해임될 수 있었습니다. 의회 의원들 대다수가 당연히 노동자이거나 노동자 계급에게 인정을 받은 대표자들이었습니다. 코뮌은 의회 조직이 아니라 입법과 사법을 동시에 담당하는 기구가 되고 싶어 했습니다.[138]

• Louis Adolphe Thiers(1797~1877). 프랑스의 정치가이자 역사가. 파리 코뮌을 진압하고 제3공화정의 초대 대통령으로 취임하였다.

뤼즈 파리 코뮌의 가입자들은 인민에게 입법 결정권을 주어 대표 민주주의 한계를 넘으려 했다고 볼 수 있겠습니다. 이는 입법부가 오랫동안 보류한 결정권입니다. 정부 기구를 민주화한 또 다른 조치들로는 무엇이 있습니까?

마르크스 경찰은 중앙정부의 앞잡이가 아닌 새로운 코뮌의 조직이 되었습니다. 경찰은 그동안 갖고 있던 정치적 특권을 즉각 박탈당하고 강한 책임감을 가지고 일하면서 언제든지 문제가 있을 시에는 해체될 수 있는 기구가 되었습니다. 정부의 다른 부서에 근무하는 공무원들 역시 경찰과 같은 새로운 변화를 받아들여야 했습니다. 코뮌의 멤버들로부터 하부 조직에 이르기까지 공공 조직은 노동자의 봉급을 위해 책임을 다해야 했습니다. 고위층이란 개념이 사라지면서 고위층이 갖던 특권과 특별수당도 사라졌습니다. 공공 부서는 더 이상 중앙정부 인사들의 사적인 기관이 아니었습니다.[139]

뤼즈 또한 파리 코뮌은 정교분리를 선포했고 그 어떤 시민도 특정 종파를 지원해서는 안 된다고 발표했습니다. 이렇게 해서 학교에서도 정교분리가 추진되었습니다.

마르크스 옛 정부의 권력을 돕던 상비군과 경찰이 폐지되자 파리 코뮌은 국민을 압박하던 종교와 사제들의 권한을 무너뜨렸습니다. 파리 코뮌은 부를 축적한 교회의 해체와 토지 압류를 선언했습니다. 사제들은 조용히 물러나 살면서 그들의 선구자들이었던 사도들처럼 신자들의 도움으로 살았습니다.

교육기관 전체가 무료로 시민들에게 개방되었고 동시에 교회와 정부의 모든 간섭에서도 자유로워지게 되었습니다. 이처럼 교육이 모두에게 개방되었을 뿐만 아니라 학문 자체도 계급의 편견과 정부 기관이 짊어지게 한 부담에서 벗어나게 되었습니다.[140]

뤼즈 사법기관에도 개혁이 이루어졌습니다.

마르크스 이전에 사법기관은 겉으로만 독립된 것처럼 보였을 뿐, 실상 그곳에 속한 공무원들은 정부가 바뀔 때마다 새로운 정부에 복종했습니다. 새 정부가 들어설 때마다 충성을 맹세했다가 정부가 바뀌면 이전 정부를 배반하는 식이었습니다. 다른 공무원들과 마찬가지로 사법관과 판사들도 투표로 선출되어 책임을 다하다가 문제가 생기면 해임될 수 있게 되었습니다.[141]

뤼즈 따라서 파리 코뮌은 새로운 집단 정부를 만들었다 할 수 있군요…

마르크스 코뮌은 발전할 틈도 없이 짧은 시간 내에 사라져 버린 국가 조직이었습니다. 코뮌은 작은 시골 마을 사람들로 이루어진 정치 조직체였고, 시골에는 상비군 대신 단기간 복무를 하는 민병대가 들어섰습니다. 각 도의 시골 마을은 도청 소재지를 대표하는 사람들을 통해 공동 업무를 이끌어갔습니다. 그리고 각 도의 대표자들은 대표 위원들을 파리로 보냈

습니다. 대표 위원들은 언제든 해임될 수 있었고 유권자들이 정한 임기를 따랐습니다.[142]

뤼즈 중앙정부에는 어떤 특권이 남았습니까?

마르크스 파리 코뮌에 대해 잘못되고 왜곡된 말을 하는 사람들이 있지만…, 소수의 중요한 직책들이 여전히 중앙정부에 남아있었습니다. 이들 직책은 없애서는 안 되는 것이었습니다. 오히려 코뮌의 공무원들은 엄격한 책임감을 갖고 이 직책을 담당해야 했습니다. 국가 조직을 해체하자는 것이 아니라 코뮌이 이끌어가자는 것이었죠.[143]

뤼즈 파리 코뮌의 새로운 통치 방법은 무엇이었습니까?

마르크스 파리 코뮌의 성립 이전에는 의회 대표직이 3년 혹은 6년의 임기로 정해져 인민 위에 군림했지만 파리 코뮌이 들어선 이후에서는 보통 선거를 통해 대표자가 정해졌고, 이들 대표자들은 인민을 위해 헌신해야 하는 의무를 갖게 되었습니다. 마치 고용인이 사업을 제대로 이끌어 가기 위해 필요한 노동자와 감사, 그리고 회계를 각각 투표해 적절한 인력을 찾는 방식과 같습니다.[144]

뤼즈 그래도 코뮌 조직은 공화정 중심 사상과는 결별할 뜻이 없었습니다. 지역 이기주의를 극복하는 데 도움을 주는 연대 의식을 만들어내는 것이 공화정 사상이죠.

마르크스 코뮌 조직이 이 같은 거대 국가들의 단위를 몽테스키외*와 지롱드 당**이 꿈꾸던 작은 정부들의 연방으로 갈라지게 하려고 했다는 것은 오해입니다. 비록 이 거대한 국가 연합은 원래 폭력으로 인해 생겨나기는 했지만 지금은 사회의 생산을 지탱하는 강력한 요소가 되었습니다. 코뮌 조직과 정부의 대립을 과도한 중앙집권에 반대하는 투쟁으로 보는 것도 오해입니다. 〔…〕 오히려 코뮌 조직은 사회를 착취하고 사회의 자유로운 움직임을 방해해 온 무능한 정부가 그 동안 차지했던 모든 힘들을 사회 조직에 돌려주려는 취지를 갖고 있었습니다. 이 사실만 봐도 파리 코뮌은 프랑스의 쇄신을 이끈 첫 출발점이라 할 수 있습니다.[145]

뤼즈 시市의 역할을 강조해야 하지 않을까요?

마르크스 코뮌 정부는 시에 자치권을 부여했습니다. 하지만 시에 부여한 자치권은 정부와 균형을 이루는 것이 아니라 방대해지는 문제도 생겼습니다. 그래도 시의 자치권을 통해 프랑스에는 실제로 민주주의 기구들이 생겼습니다.[146]

뤼즈 코뮌은 사회적으로 어떻게 정의할 수 있습니까?

마르크스 코뮌은 노동자 계급의 정부로 생산자 계급이 소유 계

• Charles-Louis de Secondat, Baron de la Brède et de Montesquieu(1689. 1. 18 ~1755. 2. 10). 프랑스 계몽시대의 정치학자.
•• 프랑스 혁명 중 정치 파벌의 하나로 부르주아 층이 중심을 이루었다.

급에 맞서 투쟁해 얻은 결과입니다. 결국 코뮌은 노동자가 경제적으로 해방될 수 있게 해준 정치 형태입니다. 노동자가 경제적으로 해방되지 않고는 코뮌 정부는 존립이 불가능한 환상이 되어버립니다. 노동자가 정치권력을 갖게 되면 노동자의 노예화를 막을 수 있습니다. 따라서 코뮌은 계급의 지배로 이루어졌던 기존의 경제 근간을 뒤엎는 지렛대가 되어야 했습니다.[147]

뤼즈 그렇기 때문에 이후 파리 코뮌은 여러 가지 근거 없는 중상모략에 시달린 것이군요.

마르크스 노동자들은 대의를 이루지 못했습니다. 현재 사회는 자본가와 노예같은 노동자, 이렇게 두 계급으로 나누어집니다. 코뮌은 이 같은 지배 계급의 문제를 해결하고 싶어 했습니다. 코뮌은 모든 문명의 기초가 되는 사유화를 없애려 했습니다. 그렇습니다. 코뮌은 계급의 소유 즉 다수의 노동으로 소수만이 엄청난 부를 쌓는 계급적 소유관계를 무너뜨리려 했습니다. 코뮌은 착취자들의 것을 다시 빼앗으려 했습니다. 코뮌은 개개인이 정당하게 자신의 몫을 가질 수 있는 체제를 실질적으로 구축하고 싶어했고 이를 위해 생산방식과 토지, 자본을 새롭게 바꾸려 했습니다. 이 세 가지는 노동자를 노예로 만들고 착취하는 방향으로 나아갔기 때문에 자유롭고 협력하는 노동 수단으로 변화시키기를 원했습니다.[148]

뤼즈 하지만 이런 현상에 대해 다양한 반응이 나왔다는 것은 현상 유지가 힘들다는 판단이 나왔기 때문이 아닐까요?

마르크스 지적인 지배층 인물들은 그들 나름대로 현재의 시스템은 더 이상 유지하기 힘들다는 것을 깨달았습니다. 지배계급의 인물들 가운데 이런 생각을 가진 사람들이 꽤 있었고 이들은 협동조합을 통한 생산을 탄생시키는 데 큰 기여를 했습니다. 하지만 협동조합 생산은 단순히 환상만 안겨주거나 현실을 속이는 방안이 되어서는 안 됩니다. 협동조합을 통한 생산이 자본주의 시스템을 몰아내려면, 그리고 모든 협동조합이 하나의 공동 계획에 따라 생산 규모를 정해 자본주의 생산 과정에서 필연적으로 나타나는 무질서와 부작용을 해결하려면, 공산주의는 아니더라도 공산주의와 비슷한 사상이 대안이 되어야 하지 않을까요?[149]

뤼즈 파리 코뮌이 사회를 변화시키려던 방법 가운데 인상적인 것은 무엇입니까?

마르크스 노동자 계급은 코뮌으로부터 기적을 바라지 않았습니다. 노동자 계급도 모든 것이 인민의 의지대로 이루어질 것이라는 이상을 갖지도 않았습니다. 노동자 계급은 노동자들이 해방되고 이와 함께 좀 더 높은 차원의 삶을 영위하기 위해서는 현재의 경제 개발에만 의존하는 것이 아니라, 오랜 투쟁과 일련의 역사적인 과정을 거쳐야 상황 자체를 완전히 바꿀 수 있다는 것을 알고 있습니다. 노동자 계급은 이상을 실현하려는 것이 아니라 낡은 부르주아 사회와는 다른 새로운 사회를 이룩할 토대를 마련하려고 합니다.[150]

뤼즈 바로 선생님께서 투쟁하는 프롤레타리아가 인류에 기여할 수 있다고 강조하시면서 자주 언급하신 '보편적인 계급'이군요.

마르크스 노동자 계급은 역사적으로 해야 할 일을 확실히 인식하고 그에 맞는 행동을 해야겠다는 용기어린 결심을 하면서 언론의 비굴함과 부르주아 계급의 몸을 사리는 비겁함을 비웃을 수 있게 되었습니다. 부르주아 계급의 논리는 무식함이 드러나는 천박함을 보여주었고 비논리적인 궤변에 지나지 않았습니다. 파리 코뮌은 직접 혁명을 이끌어갔습니다. 노동자들은 처음으로 원래부터 우위에 있다고 생각하던 사유재산가들의 권력을 과감히 건드렸습니다. 그들은 아주 어려운 상황에서 열심히 효과적으로 임무를 수행했습니다(그들은 임금 부문에 개혁을 이루었습니다. 저명한 학자 헉슬리 교수는 그 전까지 노동자가 받던 최고 임금이 런던 공교육 사무처장이 받는 최저 임금에 비해 오분의 일밖에 안 된다고 언급한 바 있습니다). 그러자 낡은 세상이 무너졌고 노동자 공화국의 상징인 붉은 깃발이 시청 위에서 펄럭였습니다.[151]

뤼즈 코뮌은 노동자들에게만 관심을 가진 것입니까? 농부들에 대해서는 별 관심을 갖지 않았나요?

마르크스 코뮌은 초기 선언문들 중 하나에서 진정한 전쟁 주역들은 그에 따른 합당한 대가를 받아야 한다고 하면서 농부들의 병역을 면제해 주었습니다. 이렇게 해서 코뮌은 농부들의 부담을 덜어주었습니다. 이어서 코뮌은 교육을 사제가 아닌 학교 교사가 맡도록 했습니다. 프랑스 농부들은 합리적인 계산을 할 줄 아는 사람들이었죠. 예를 들어 농부들은 사제들의 수입에 많은 세금을 부과해 빼앗기보다는 사제들이 본당의 종교 관련 일만 하면서 쥐꼬리만한 봉급으로 살아가도록 하는 편이 더 합리적일 것이라고 봤습니다. 이것이 코뮌 정부에게도 더 이익이었고 코뮌 정부 역시 이렇게 얻은 이익을 농부들을 우대하는 데 사용했습니다.[152]

《 인민에 의한 인민의 정부 》

뤼즈 파리 코뮌은 어떤 면에서 노동자 운동의 역사에 큰 발자국을 남겼습니까?

마르크스 코뮌의 진가는 그 존재와 활동에서 나타납니다. 특히 파리 코뮌은 인민에 의한 인민의 정부를 추구했다는 점에서 남다릅니다. 제빵공의 야간 작업이 폐지되었고, 노동자들에게 온갖 구실을 달아 벌금을 부과하는 고용주에 대해서 과태료가 부과되었습니다. 이로써 그 동안 독단적으로 판단하고 법도 마음대로 세우면서 노동자를 착취하고 부당 이득을 챙겼던 고용주들은 더 이상 힘을 못쓰게 되었습니다. 아울러 파리 코뮌은 소유주인 자본가들이 떠나버리거나 가동을 중

단해 문을 닫은 모든 작업장이나 공장을 노동자들의 협동조합에 넘기면서 보상금 지급을 약속하기도 했습니다.[153]

뤼즈 파리 코뮌은 비록 짧은 기간이었지만 엄연한 정부였습니다. 파리 코뮌의 방식은 전통적인 지배 세력의 권모술수와는 달랐습니까?

마르크스 파리 코뮌 스스로도 완전무결한 정부라고 주장한 적은 없습니다. 하지만 적어도 파리 코뮌은 과거의 정부들과는 달랐습니다. 예를 들어 파리 코뮌은 어떤 문제점이 있으면 그 문제점이 무엇인지 대중에게 알렸습니다.[154]

뤼즈 혁명 운동에 전통적으로 반대해온 세력들은 파리 코뮌이 무질서와 치안 불안을 가져왔다고 여러 번 주장했습니다. 전형적인 비난이죠. 이런 세력에 대해 뭐라고 대답하시겠습니까?

마르크스 사실 파리 코뮌은 파리에 엄청나게 긍정적인 변화를 가져왔습니다. 영안실에서는 더 이상 시체를 찾아볼 수 없었고 야간 강도 사건도 발생하지 않았습니다. 절도가 자취를 감추었습니다. 그리고 사실 1848년 2월 혁명 이후 처음으로 파리의 거리가 안전해졌습니다. 경찰이 필요 없었습니다. 〔…〕 공창제가 폐지되면서 매춘부들 역시 자신들의 보호자들, 즉, 가족, 종교, 특히 소유의 수호자들인 포주들과 마찬가지로 역사의 뒤안길로 물러나게 되었습니다. 이들을 대신하여 고대의 여성처럼 용감하고 고귀하며 헌신적인 파리의 진정한 여성들이 다시 나타났습니다. 일하는 파리, 생각하는 파리, 투쟁하는 파리, 피 나는듯한 정신적 고통을 이겨내는 파리가 되면서 새로운 사회가 열렸고 역사적인 노력을 하려는 열정으로 빛났습니다.[155]

뤼즈 이에 대항해 막강한 지배 권력을 지지하던 왕당파 세력은 끔찍한 '피의 일주일'을 일으켜 파리 코뮌에 보복해 왔습니다.

마르크스 파리에서 새로운 세력으로 떠오른 파리 코뮌에 맞선 세력이 있었으니 바로 베르사유에 집결한 왕당파*였습니다. 이미 무너진 한물간 체제에 집착하는 정통왕당파와 오를레앙파는 기를 쓰고 다시 옛 영광을 꿈꾸는 흡혈귀들 같은 존재로 파리를 제외한 프랑스의 국민의회에서 다수 의석을 차지해 공화파를 앞서며 탐욕스러운 고용주들에게 힘을 실어주었습니다. 또한 이들은 늙은 사기꾼을 정부 수장으로 하는 체제를 유지하려 했고 과거의 유령처럼 베르사유 궁전 안의 실내 테니스장 '죄 드 폼Jeu de paume'에 모여 1789년의 혁명을 비웃었습니다.** 프랑스에서 이미 무너져 내린 구체제 Ancien régime***를 대표하는 왕당파는 루이 보나파르트(나폴레

• 왕정복고를 지향하는 정치 일파로 파리 코뮌에 대항해 베르사유에 티에르를 수장으로 하는 임시정부를 세웠다.
•• 1789년 6월 20일, 국민의회는 베르사유 궁전의 테니스장 '죄 드 폼'에서 자신들의 요구가 반영되지 않는 한 해산하지 않겠다는 선언을 발표했다.
∴ 프랑스어로 '옛 제도'를 의미하나 일반적으로 프랑스 혁명 이전의 구체제를 지칭하는 개념으로 사용된다.

웅 3세)의 장군들의 보호를 받으며 겨우 생명을 유지하고 있었습니다. 파리는 모든 것이 진실이지만 베르사유는 모든 것이 거짓에 불과했습니다.[156]

뤼즈 사실 코뮌은 공동체적인 사회 해방을 추구했기에 선생님께서 높이 평가하는 것이죠. 선생님께서는 정치와 사법의 해방을 과소평가하지는 않지만 경제와 사회의 해방이 없이는 한계에 부딪힌다고 강조하고 계십니다. 좀 더 자세히 설명해 주시겠습니까?

마르크스 코뮌 정부는 개인을 출생과 사회적 신분, 학력과 직업으로 구분하는 것을 없애고, 이 네 가지 기준은 개인적인 차이일 뿐이라고 선언했습니다. 정부는 이 네 가지를 구분하지 않고 인민 각자가 동등하게 주권을 갖는다고 선포했습니다. 그리고 정부는 정부의 입장에서 효과적인 인민의 삶을 만드는 것들을 다루겠다고 선포했습니다. 그래도 정부는 사유재산, 교육, 직업은 특수한 성질이라고 강조하며 독립성을 보장해주었습니다. 후천적인 차이라 할 수 있는 이 세 가지를 없애지 않은 것입니다. 정치 정부État politique• 라는 인식이 있기는 했지만 이 보다는 이 세 가지가 전제로 내세워졌습니다. 코뮌 정부는 정치 정부라는 인식을 갖고 있었지만 이 세 가지 요소들에 있어서 모순적인 면을 보입니다.[157]

• 주권자에 의한 통치 행위가 이루어지고 있는 사회와 그 정부.

뤼즈 평등한 정치 정부와 불평등한 시민 정부˙는 서로 반대의 개념입니다…

마르크스 정치 정부는 완벽하게 물질적인 삶과는 반대되는 인간적인 삶을 추구하는 정부입니다. 시민 정부에서는 이기적인 삶이 계속 되고 여기에는 정부도 손을 쓸 수 없습니다. 시민 국가는 부르주아 사회의 특징입니다. 그리고 정치 정부가 진정으로 발달할 때 인간은 생각과 의식, 일상생활에서 이상적으로 꿈꿔왔던 삶과 현실적인 삶을 함께 추구하게 되고 정치적인 공동체 속에서 삶을 살아갑니다. 정치적인 공동체 속에서 인간은 그야말로 인간이지만 시민 국가 속에서 인간은 개인 소유의 노예처럼 착취당하듯 일하며 살아갑니다. 즉 시민 국가 속에서 국민은 가진 자들이 이용하는 도구로 전락하고 강대국들의 노리개가 됩니다.[158]

뤼즈 그래서 인간은 부당한 상황에 대항하는 것이 중요하군요. 선생님께서는 종교를 가리켜 자유로운 영혼의 표현이 아니라 '인민의 아편'이라고 하셨습니다. 종교는 정치권력과 결탁할 때가 많습니다. 그래서 정교분리가 해방의 첫 단계라고 하신 거군요?

마르크스 정부가 종교에서 해방되려면 국교國敎 제도로부터 해방되어야 합니다. 즉 정부는 어떤 종교도 국교로 삼지 말고 순수하게 정부로만 남아야 합니다. 인간은 공공 생활과 개인

• 근대 시민 혁명으로 이룩된 신분적 구속에 지배되지 않으며, 자유롭고 평등한 개인의 이성적 결합으로 이루어진 사회와 그 정부.

생활에 종교가 간섭하는 것을 거부할 때 정치적으로 종교에서 해방됩니다.[159]

뤼즈 정교분리가 정치적 해방을 가져다준다는 것이군요. 하지만 이런 해방을 완전히 이루려면 사회 정의가 필요합니다. 정치와 종교를 분리하려면 정치와 종교가 개인의 권리에 간섭하는 것을 거부해야 합니다.

마르크스 정교분리가 이루어졌다고 해서 완전히 종교에서 해방된 것은 아닙니다. 정치적인 해방이 이뤄진다고 해서 인간이 완전하게 해방되는 것은 아니기 때문입니다. 인간이 실질적으로 해방되지 않아도 정부는 정치적인 해방이 이뤄지는 경우가 있고 인간이 자유롭지 않아도 정부는 자유 정부가 될 수 있습니다. 따라서 정치적인 해방은 어느 정도 한계점을 갖고 있습니다.[160]

《 인간이 자유롭지 않아도 정부는 자유 정부가 될 수 있습니다. 》

뤼즈 그렇다면 완전한 해방이란 어떻게 정의할 수 있습니까?

마르크스 인간이 자신이 가진 고유한 힘을 알고 이를 사회 협력을 위해 사용할 때, 그리고 인간이 사회 협력을 정치적인 힘으로 이끌어 갈 때 비로소 인간은 해방될 수 있습니다.[161]

뤼즈 선생님께서 생각하는 자유의 개념은 사회 해방 철학과 뜻을 같이 합니다. 특히 자본주의 체제에서 나타나는 분업 부분에서 그러합니다. 이 부분에 대해 좀 더 자세히 설명해 주시겠습니까?

마르크스 인간은 분업을 통해 하나의 부품으로 전락합니다. 이 와 같은 분업 메커니즘은 쉽게 깨질 수 없습니다. 개개인이 부품으로 전락한 자신의 처지를 자각해 이를 거부하고 분업 체제를 무너뜨릴 때에만 상황이 개선됩니다. 즉 공동체를 이 루지 않고는 힘든 일입니다. 개인이 자신의 능력을 다양하게 발전시킬 수 있는 것은 오로지 공동체 속에서만 가능한 일입 니다. 그리고 개인의 자유 역시 오로지 공동체 속에서만 가 능한 일입니다.[162]

뤼즈 선생님은 이 부분에서는 스피노자*와 같은 생각을 하고 계십니 다. 스피노자는 인간이 인간성을 달성하려면 다른 사람들과 다양 한 관계를 맺어야 하고 자기 자신을 성장시키고 진정으로 풍부한 사회성을 키울 수 있는 여러 가지 경험을 해야 한다고 했습니다. 왜 전통적인 공동체들은 진정한 공동체라 할 수 없는 것일까요?

마르크스 지금까지 우리가 알고 있는 어떤 국가의 공동체들은 거짓에 불과합니다. 오직 지배계급에 속하는 개인들만이 자 유를 누렸기 때문입니다. 그리고 지금까지 우리가 알고 있는 공동체들은 개개인의 진정한 협력을 독려하는 것이 아니라

• Baruch de Spinoza(1632. 11. 24~1677. 2. 21). 네덜란드의 철학자. 데카르트의 합리주 의에 입각하여 물심평행론物心平行論과 범신론을 제창하였다.

오히려 공동체와 개개인이 따로 움직였습니다. 지금까지의 공동체는 계급과 계급의 대결이었을 뿐입니다. 따라서 피지배 계급에게는 무늬만 공동체였을 뿐 실상은 새로운 쇠사슬일 따름입니다.[163]

뤼즈 그러니까 자유와 진정한 공동체는 지배 관계가 없을 때 비로소 함께 갈 수 있는 것이군요…

마르크스 진정한 공동체라면 개개인이 공동체에 들어온 순간, 공동체라는 울타리 덕분에 곧바로 자유를 얻을 수 있어야 합니다.[164]

뤼즈 지배 이데올로기에서는 개인이 공동체와 반대 개념으로 나올 때가 많습니다. 개인의 특징은 계급에 따라 정해질 수 있습니까?

마르크스 지금까지 역사가 발전해 오면서 어느 한 계급에 속한 개인들은 공동체 관계 속에 들어오게 되고, 공동체 관계는 구성원의 공동 이익에 따라 결정된다고 보았습니다. 한마디로 개개인을 오로지 수단으로 받아들이는 공동체였습니다. 이 같은 공동체에서 개개인은 정해진 계급 내에서 살아갔고 결국 개인은 온전한 한 인간으로서가 아니라 한 계급의 구성원으로서만 다른 사람들과 관계를 맺으며 살아가게 되었습니다.[165]

뤼즈 그러니까 개인이 온전한 한 인간으로 인정받으려면 개개인을

계급의 틀 안에 가둬놓는 지배 관계가 해소되어야 한다는 말씀이
시군요.

마르크스 혁명적인 프롤레타리아들은 자신의 생활뿐만 아니라
사회 구성원의 생활까지 노동자 스스로 책임지도록 했습니
다. 혁명적인 프롤레타리아들의 공동체에서 개개인이 온전
한 한 인간으로서 서로 참여하는 놀라운 변화가 일어났습니
다. 물론 개개인은 생산력을 발전시키면서 협력해 갔고 이
같은 공동체 안에서 자유로운 발전과 변화를 누리게 되었습
니다. 그 전까지 개개인은 체계도 없고 구성원 사이의 끈끈
한 연대감도 없었습니다. 개개인은 서로 분리된 채 분업 같
은 필요한 상황에서만 협력했습니다. 하지만 협력해야 할 상
황에서도 개개인은 평소에 혼자서만 활동해 와서 그런지 협
력을 어색하게 느꼈습니다.[166]

뤼즈 공산주의자들을 가리켜 개개인을 획일화시키고 개성을 말살
하는 위험한 존재이며 이타주의라는 이름으로 개개인을 공동체
에 억지로 묶으려 하는 이들이라고 소개하는 논리는 공산주의를
무서운 사상으로 왜곡하기 위한 음모입니다. 이 같은 근거 없는
주장에 대해 어떻게 반박하시겠습니까?

마르크스 공산주의자들은 이기주의에 호소해 이타주의를 타파
하려 한 적이 없으며, 이타주의에 호소해 이기주의를 타파
하려 한 적도 없습니다. 이론적인 시각에서 보면 공산주의
자들은 이 모순을 감정적으로도, 낭만적으로도, 그리고 이

데올로기적으로도 생각하지 않습니다. 오히려 이에 대한 구체적인 근거를 들어 설명합니다. 문제가 되는 구체적인 근거가 해결되면 앞서 언급한 모순도 사라집니다. [⋯] 동시에 공산주의자들은 전체 이익은 언제나 개인 이익이 모여 생겨나는 것이기에 두 가지 이익이 대립 관계를 형성하는 것이 아니라 서로 관련되어 있다는 모순점도 알고 있습니다. 즉 전체 이익도 개인 이익들이 모여 생겨난다는 사실을 알고 있습니다.[167]

뤼즈 개인주의적인 자본주의 사회에서 개인들은 실제로 계급의 틀에 갇혀 있습니다. 개인들은 계급의 틀에서 어떻게 벗어날 수 있습니까?

마르크스 개인들이 정해진 계급의 틀에서 벗어나려면 지배계급과 이에 대항하는 계급 자체가 없어져야 합니다.[168]

뤼즈 선생님께서는 1789년 8월 26일에 나온 「인권과 시민권 선언」, 그리고 1791년과 1793년의 선언*에 대해서 냉소적으로 비판하셨는데, 그 이유가 무엇인지 궁금합니다.

마르크스 노동력의 판매와 구매가 이루어지는 상품 교류 영역은 실제로 인간과 시민의 천부적인 권리의 낙원입니다. 여기서

• 1789년 8월 20일부터 8월 26일 사이에 프랑스 국민의회가 채택한 이 선언의 17개 조항은 1791년에 제정된 헌법의 전문이 되었고 1793년의 헌법 전문(인권선언으로 개명됨)이 되었다.

강하게 세력을 떨치는 것은 자유, 평등, 소유권, 벤담˙의 공리주의 사상입니다. 자유! 상품의 구매자도, 판매자도 구속을 받는 상태가 아니기 때문입니다. 반대로 구매자와 판매자는 자유의지로만 결정이 됩니다. 구매자와 판매자는 자유인으로서, 같은 권리를 가진 존재로서 함께 계약을 맺습니다. 계약은 구매자와 판매자의 의지가 공통적으로 법률적인 표시를 하는 자유로운 산물입니다. 평등! 구매자와 판매자는 상품을 소유한 존재로서만 서로 관계를 맺기 때문입니다. 그리고 판매자와 구매자는 동등하게 교류합니다. 소유권! 이 둘은 각자 자신이 가진 것만을 이용하기 때문입니다. 벤담의 공리주의 사상! 구매자와 판매자 각자 자신의 이익이 가장 중요하기 때문입니다. 판매자와 구매자를 서로 만나게 하는 유일한 힘은 판매자와 구매자의 이기주의, 즉 서로의 사적인 이익입니다.[169]

뤼즈 이는 자유 이데올로기와 비슷합니다. 자유 이데올로기는 특히 맨더빌˙˙의 『꿀벌의 우화』로 설명할 수 있습니다. 자유 이데올로기는 각자가 개인 이익을 추구하다보면 전체 이익에 도움이 된다는 생각으로 애덤 스미스의 '보이지 않는 손'과 통합니다. 커다란

˙ Jeremy Bentham(1748~1832). 영국의 철학자로서 영국 산업혁명기의 급진 부르주아 사상을 대표한 인물이다.

˙˙ Bernard Mandeville(1670. 11. 20~1733. 1. 21). 네덜란드에서 태어나 영국에서 활동한 의사 겸 도덕 사상가이다. '개인의 악덕, 사회의 이익'이라는 부제가 붙은 『꿀벌의 우화』를 발표해 당시 영국 사회 모든 계급의 기만과 인간 본성에 대한 기성 도덕의

자본주의 시장이 자발적으로 질서가 잡힌다는 '보이지 않는 손' 이론을 어떻게 간단히 설명하시겠습니까?

마르크스 각자의 사람들은 자기 생각만 하고 그 누구도 다른 사람을 걱정하지 않습니다. 정확히 말하면 이미 정해진 틀 안에서 각자 자신만을 위해 일하다가 필요할 때면 갑자기 전체의 이익을 위해서 일합니다. 야비한 자유무역론자가 신봉하는 개념, 사상, 시각, 자본 및 임금에 관한 평가 기준의 고리에서 벗어나는 순간, 비참하게 살았던 우리 인간의 상황이 어느 정도 변할 수 있습니다. 지금까지는 과거에 돈을 갖고 있던 사람이 선수를 쳐서 자본가로서 먼저 앞서가고 노동력을 가진 사람은 자본가를 위해 일하는 노동자로서 그 뒤를 따라갔습니다. 자본가는 거만하고 거들먹거리는 모습이었고, 반면 노동자는 주눅이 든 채 살아가기 위해 자신을 시장에 맡기고 고용되기를 기다리는 소극적인 모습이었습니다.[170]

뤼즈 인권에서 말하는 인간은 무엇입니까? 인권과 시민권을 구분하는 선언들에 대해 비판하시는데 그 이유는 무엇입니까?

마르크스 우선, 시민권과 구분되는 인권은 그저 부르주아 사회를 구성하는 이들의 권리일 뿐입니다. 즉 이기적인 인간이

위선적 견해를 비판했다. 악덕이라는 욕심이야말로 경제를 살리는 원동력이며, 사치는 생산을 늘리고 일자리를 만들어주어 잘살게 만든다고 한 맨더빌의 주장은 도덕가들을 격분시켰지만, 미덕과 악덕을 가르는 오랜 기준을 무너뜨려 애덤 스미스와 칸트 등이 시장경제 시민사회 시대에 맞는 도덕을 새로 고민하게 된 결정적인 계기를 마련하였다.

자 공동체에서 분리된 인간의 권리일 뿐입니다. 가장 급진 적인 1793년 헌법의 내용을 봅시다. '제2조. 이 권리(자연적 이고 절대적인 권리)는 평등, 자유, 안전, 소유다.' 자유란 무엇 입니까? '제6조. 자유는 타인의 권리를 해치지 않는 한 무엇 이든 해도 되는 인간의 힘이다.' 따라서 자유는 타인에게 폐 를 끼치지 않는 것이라면 무엇이든 해도 되는 권리입니다. 각자 타인에게 폐를 끼치지 않고 할 수 있는 한계를 법으로 정한 것입니다. 마치 두 개의 밭 사이의 경계를 푯말로 정한 것과 마찬가집니다. 각자 완전히 자기 독립적이며 다른 단 자들과 상호작용하지 않는 독립된 단자 같은 인간의 자유인 것입니다.[171]

뤼즈 선생님께서는 제2조의 내용이 애매하다고 하셨지만 개인과 모두의 자유가 이처럼 인정받게 된 것은 구체제의 사회 구조를 생각하면 적절한 변화이기는 합니다. 하지만 개인 소유권이 거의 신성시 되는 것에 대해서는 어떻게 생각하십니까?

마르크스 자유권을 실제로 적용하면 개인 소유권이 됩니다. 하 지만 개인 소유권은 무엇입니까? 소유권이란 모든 시민이 자 신의 재산과 소득, 노동과 산업의 대가를 마음대로 즐기고 사 용할 권리입니다(1793년 헌법, 제16조). 따라서 소유권은 다른 사람들을 신경 쓰지 않고 사회와 관계없이 마음대로 자신의 재산을 즐기고 사용하는 권리입니다. 한마디로 이기주의를 옹호하는 권리입니다. 개인의 자유를 사용한다는 것이 부르

주아 사회의 근간입니다. 그러나 부르주아 사회가 말하는 개
인의 자유를 살펴보면, 개개인이 다른 사람과의 관계에서 자
유를 보장받는 것이 아니라 오히려 자유를 구속받습니다.[172]

뤼즈 안전권에 대해서도 날카로운 비판을 하고 계신데요.

마르크스 인간의 나머지 권리로 평등과 안전安全이 있습니다. 여
기에서 평등이라는 단어는 정치적인 의미를 갖지 않습니다.
위에서 정의된 자유에 대한 평등일 뿐입니다. 곧 모든 인간
은 자기 자신에 기반한 하나의 작은 존재로서 동등하다고 여
겨진다는 것이죠. 1795년 헌법은 이러한 평등의 의미를 다음
과 같이 정했습니다. '제5조. 평등이란 법은 모두에게 공평해
서 공평하게 보호하고 처벌한다는 것을 의미한다.' 그렇다면
안전은요? 1793년 헌법은 이렇게 명시합니다. '제8조. 안전
이란 사회가 개개인 구성원 모두의 인격, 권리와 재산을 보
호함을 그 요체로 한다.'[173]

뤼즈 안전… 당연히 품을 수 있는 바람이지만 공동체 사회를 해칠
수 있는 구실을 마련해주기도 합니다.

마르크스 안전은 부르주아 사회의 가장 높은 사회적인 개념이며
치안 유지 개념입니다. 사회가 존재하는 이유는 구성원 각자
가 자신의 생명, 권리, 소유를 지킬 수 있게 보장하기 때문이
라는 것입니다. […] 하지만 부르주아 사회가 이기주의를 극
복하려면 안전의 개념만으로는 부족합니다. 안전은 이기주

의를 공고하게 해주는 장치일 뿐입니다.[174]

뤼즈 간단히 말해 인권선언이 이루어졌다고 해서 일반적으로 생각
한 것과 달리 인간 전체가 해방된 것은 아니군요.

마르크스 소위 말하는 인간의 권리, 곧 '이기적인 인간'을 극복

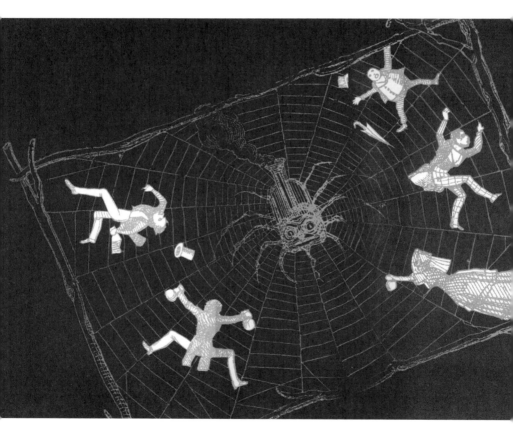

:: 〈자본의 노예가 되어버린 투자가들〉 죠지 크룩생크G. Cruishank의 캐리커쳐

하게 해준 것은 하나도 없습니다. 인간의 권리는 인간을 부
르주아 사회의 구성원, 즉 공동체에서 분리되어 자기 자신
속에 갇힌 개인으로서의 인간만을 지지할 뿐입니다. 오로지
자기 자신의 이익에만 관심이 있고 개인의 자유에 따라 움직
이는 인간입니다. 인권 속에서는 인간이 유기적 존재로 간주
되지 않습니다. 오히려 유기적 삶 그 자체, 즉 사회가 개인의
외부에 있는 영역으로서, 개인의 타고난 자립성을 제약하는
것으로 나타납니다. 자연적 필연성, 욕구와 사적 이익, 각자
의 재산의 보존과 각자의 이기적 인격만이 개인들을 하나로
묶어주는 유일한 연결고리가 됩니다.[175]

**뤼즈 선생님께서는 프랑스 혁명을 매우 높이 평가하시면서도 정작
혁명이 진정한 인류 공동체를 탄생시키지 못한 것을 안타깝게 생
각하셨습니다. 진정한 인류 공동체에서는 개개인이 잠재력 전체
를 키워 인류로서 꿈을 키웁니다. 그렇기 때문에 프랑스 혁명에
대해 완전히 만족하지 못하시는 것이죠.**

마르크스 사회 구성원 간의 차별을 부추기던 장벽을 무너뜨리
고 새로운 정치 공동체를 세운 시민들이 왜 인류와 공동체에
서 떨어져 나온 이기적인 개인으로서의 인간을 위한 권리를
선언(1791)했는지 이해가 되지 않습니다. 또한 국가를 구하
기 위해서는 오로지 과감한 헌신만이 필요하고, 부르주아 사
회가 그 동안 얻은 이익을 전부 거두어들이고 이기주의를 중
대 범죄로 처단해야 하는 것이 급선무인 상황에서, 시민들이

오히려 이기적인 개개인으로서의 인간 권리를 보호하는 선언(1793)을 했다는 것이 이해가 안 갑니다. 더구나 정치적인 해방이 이루어지면서 오히려 정치 공동체와 시민 공동체가 이기적인 인간의 권리를 보호하는 수단으로 전락하고, 나아가 시민은 '이기적인 인간의 하인'으로 선언되어 결국 인류를 위한 인간이 아니라 자신만을 위해 행동하는 부르주아적 인간이 본래의 진정한 인간이라고 생각되다니 이해가 안 됩니다.[176]

뤼즈 프롤레타리아 계급이 해방되면 인류 전체가 해방된다는 것이 정치적으로 왜 중요합니까?

마르크스 오직 사회의 보편적인 권리라는 이름을 내세울 때에만 보편적인 패권을 차지할 수 있는 계급이 있습니다. 이들 계급이 속박에서 벗어나 해방을 누리고 사회의 모든 영역을 정치적으로 활용해 유리한 입장을 차지하려면 혁명적인 에너지와 확고한 자부심만으로는 부족합니다. 어떤 민족이 혁명을 일으키고 시민사회 내의 어떤 계급이 해방되는 일이 동시에 일어나려면, 그리고 어느 한 계급이 사회 전체의 새로운 계급을 대표하려면 조건이 필요합니다. 지배층을 이루던 계급이 이제까지 사회의 모든 문제를 만들어낸 주범이라는 이미지를 가져야 합니다. 이 계급이 모든 부정적인 이미지를 대표하며 악의 근원이자 속박을 상징해야 합니다. 이렇게 해서 악의 근원인 이 지배계급이 장악한 사회에서 벗어나야 대다수의 사람들이 속박에서 완전히 해방될 수 있다는 인식이 나타나야 합니다. 어느 한 계급이 억압을 당하는 피지배층으로서 해방을 꿈꾸는 계급이 되려면, 반대로 다른 한 계급이 억압을 하는 지배층이라는 공공연한 이미지를 가져야 합니다.[177]

뤼즈 노동자 계급을 보편적인 계급으로 말씀하고 계신데, 공산주의 혁명의 쟁점을 자세히 하기 위해 이 같은 생각을 어떻게 증명하시겠습니까?

마르크스 지금까지 역사적으로 일어난 모든 운동은 소수를 통해 일어난 운동이거나 소수의 이익을 추구하던 운동이었습니다. 반면, 프롤레타리아 운동은 압도적인 다수의 이익을 추구하기 위해 자발적으로 일어난 운동입니다. 현재 사회에서 최하층을 이루는 프롤레타리아는 공적公的 사회를 이루는 상부구조를 무너뜨려야만 기를 펴고 당당히 일어날 수 있습니다.[178]

뤼즈 공산주의자를 가리켜 개인이 소유한 모든 것을 빼앗으려 한다고 비난하는 사람들이 있습니다. 이들은 생산수단의 개인 소유권과 일상의 개인 물건에 대한 소유권을 혼동하고 있습니다. 이들의 비난에 대해 어떻게 대답을 하시겠습니까?

마르크스 공산주의는 일반적인 소유를 전부 빼앗자는 것이 아니라 부르주아 계급의 소유를 무너뜨리자는 사상입니다. […] 공산주의자들은 자기 자신의 노동으로 번 재산, 다시 말해

개인적인 자유, 활동과 자립을 기본적으로 보장해주는 재산을 빼앗으려 한다는 비난을 받아왔습니다. 자신의 노동과 재능으로 정당하게 쌓아 온 개인 재산이라! 부르주아 계급의 소유보다 먼저 존재했던 소부르주아 계급, 소농민 계급의 소유를 가리키는 것입니까? 소부르주아 계급, 소농민 계급의 소유는 무너뜨릴 필요가 없습니다. 공업이 발전하면서 소부르주아 계급, 소농민 계급의 소유는 폐지되어 왔고 나날이 폐지되고 있기 때문입니다. 아니면 현대의 사적 소유, 부르주아 계급의 소유를 가리키는 것입니까?[179]

뤼즈 생산수단의 공동 소유를 추구하는 공산주의는 자본의 소유에 관한 법적, 사회적 제도만 문제로 삼는 것입니까?

마르크스 임금 노동, 다시 말해 프롤레타리아 계급의 노동이 노동자들에게 재산을 만들어 줍니까? 전혀 그렇지 않습니다. 프롤레타리아 계급의 노동이 만들어 내는 것은 자본입니다. 자본은 임금 노동을 착취하는 재산입니다. 한마디로 임금 노동을 새로이 착취하기 위해 새로운 임금 노동을 또다시 만들어내는 상황이 마련되어야만 불어날 수 있는 재산입니다. 현재에 나타나고 있는 소유는 기본적으로 자본과 임금 노동 사이의 대립을 기반으로 합니다. 자본과 임금 노동 사이에 나타나는 대립에는 두 가지 측면이 있는데 한번 살펴봅시다. 자본가가 된다는 것은 생산 과정에서 한 개인의 위치뿐만 아니라 사회적인 위치도 갖게 된다는 의미입니다. 자본은 집단적으로 만들어낸 사회적 산물입니다. 따라서 자본은 대다수의 사회 구성원들이 하는 공동 활동을 통해서, 궁극적으로는 사회 구성원 전체의 공동 활동을 통해서만 얻을 수 있습니다. 따라서 자본은 개인적인 힘이 아니라 사회적인 힘입니다. 그렇기 때문에 자본이 공동체 즉 사회 구성원의 소유가 된다고 해서 개인이 소유하던 것이 강제로 사회의 것이 된다는 의미가 아닙니다. 단지 소유의 사회적인 특성만이 변하는 것입니다. 즉 특정 계급만이 소유한다는 개념이 사라지는 것입니다.[180]

뤼즈 공산주의가 자유를 침해한다는 비난은 근거 없는 것이군요. 이에 대해 단호하게 대응하신다면 어떻게 말씀하시겠습니까?

마르크스 부르주아 사회에서 노동은 건강한 노동이 과도한 노동을 부추기는 수단일 뿐입니다. 반대로 공산주의 사회에서는 노동을 하면 할수록 노동자들의 삶이 풍요롭고 좋아집니다. 부르주아 사회에서는 과거가 현재를 지배하지만 공산주의 사회에서는 현재가 과거를 지배합니다. 부르주아 사회에서 자본은 독립적이고 개별적이지만 일하는 개인은 독립적이지 않고 개성도 없습니다. 이는 부르주아 층이 개성과 자유를 없애면서 만들어 낸 일입니다. […] 부르주아 생산의 현재 조건에서 자유는 무역의 자유이자 사고파는 자유를 의미합니다.[181]

뤼즈 어떤 사람들은 선생님을 가리켜 독선적이라고 비판합니다. 선생님과 엥겔스 씨가 『공산당 선언』에서 설명한 원칙과 관련해 이 사람들에게 어떻게 대답하시겠습니까?

마르크스 지난 25년간 상황이 많이 달라졌지만 『공산당 선언』에 나온 일반 원칙은 지금도 주요 방향을 간직하고 있습니다. 몇 가지 세부 사항은 다시 살펴봐야 하지만요. 『공산당 선언』 은 원칙들이 시행되는 것은 언제 어디서나 역사적인 상황에 달려 있다고 설명하며 제2장 마지막에 나열된 혁신적인 조치에 대해서는 너무 중요하게 생각할 필요가 없다고 설명합니다. 이 구절은 여러 면에서 지금은 완전히 다르게 작성될 수 있습니다.[182]

뤼즈 어떤 의미에서입니까?

마르크스 지난 25년 동안 거대 산업이 비약적으로 발전했고 동시에 노동자 계급이 정당을 조직해 이룩한 발전도 있었습니다. 2월 혁명, 그리고 뒤이어 파리 코뮌 같은 정치적인 실험들도 다양하게 이루어졌습니다. 파리 코뮌은 비록 두 달뿐이었지만 최초로 프롤레타리아 계급이 정권을 차지한 예입니다. 하지만 파리 코뮌은 오늘날 몇 가지 점에서 낡은 개념이 되었습니다. 특히 파리 코뮌은 노동자 계급이 기존의 정부 기구를 단순히 장악하는 것만으로는 이를 자기 자신의 목적을 위해 운영할 수는 없다는 것을 보여주었습니다.[183]

뤼즈 현재 하고 계시는 연구에서 특별히 러시아에 관심을 갖고 계십니다. 최근 러시아의 변화를 맞아 『공산당 선언』은 이제 단순히 노동자들뿐만 아니라 농부들에게도 혁명의 계기를 마련해주게 된 것입니까?

마르크스 『공산당 선언』의 과업은 피할 수 없이 닥쳐오고 있는, 현대 부르주아 계급의 소유를 폐지한다고 선포하는 것이었습니다. 그러나 러시아에서는 머리가 어지러울 만큼 자본주의가 급속히 번창하고 있고 부르주아 계급이 토지를 소유하는 현상이 이제 막 확대되고 있습니다. 그래도 아직은 토지의 절반 이상을 농민이 공동 소유하고 있습니다. 러시아 농민 공동체는 원시적 형태의 토지의 공동 소유 방식으로 이미 해체의 조짐을 보이고 있습니다. 러시아 농민 공동체의 미래에 대해 생각할 필요가 있습니다. 러시아 농민 공동체는 더 고차원적인 공산주의적 공동 소유 방식으로 직접 변하게 될까요? 아니면 반대로 서유럽이 역사적인 발전을 거치며 농민 공동체가 무너진 것처럼 러시아 농민 공동체도 완전히 몰락의 길을 가게 될까요? 현재 이 같은 의문에 대해 내놓을 수 있는 유일한 답은 다음과 같습니다.

만일 러시아의 혁명이 서유럽 프롤레타리아 혁명을 부추기는 신호탄이 되고 두 혁명이 상호 보완적인 관계가 된다면 현재 러시아에 남아 있는 토지의 공동 소유는 공산주의가 발전하는 데 출발점이 될 수도 있다는 것입니다.[184]

뤼즈 현재 자본주의 상황을 어떻게 보십니까?

마르크스 부르주아 시스템은 자체적으로 창출된 부를 담기에는 한계에 도달했습니다. 부르주아 계급은 이 위기를 어떻게 극복하고 있습니까? 한편으로는 생산력의 대거 파괴(노동자 대량 해고)를 강화함으로써, 또 한편으로는 새로운 시장을 정복하고 기존의 시장을 더욱 철저하게 착취하여 극복합니다. 그 결과 어떻게 되고 있습니까? 다른 말로 하자면 더 전반적이고 막대한 위기를 예방하는 방법을 오히려 줄여버리는 행위라고 할 수 있습니다. 부르주아 계급이 봉건제도를 무너뜨리기 위해 사용한 무기가 이제는 부르주아 계급에게 부메랑이 되어 돌아오고 있습니다.[185]

뤼즈 세계적으로 보편적인 연대 의식이 생겨날 수 있다고 보십니까?

마르크스 국가 간의 협력과 연대 의식은 특히 부르주아 계급의 자유무역 지지자들이 많이 꺼내는 단어입니다. 사실 모든 국가의 부르주아 계급들은 똘똘 하나로 뭉치고 있습니다. 압제자 대 피압제자, 착취자 대 피착취자로 편이 갈라지고 있습니다. 마찬가지로 한 국가 안의 부르주아 계급도 서로 손잡고 하나로 뭉쳐 같은 나라의 프롤레타리아 계급과 맞서고 있습니다. 평소 부르주아 계급은 서로 경쟁을 하지만 프롤레타리아 계급 앞에서는 하나로 뭉쳐 맞섭니다. 마찬가지로 세계의 부르주아 계급들도 평소에는 세계 시장을 놓고 국가별로

경쟁을 하지만 세계의 프롤레타리아 계급 앞에서는 하나가 되어 맞섭니다.[186]

《 인민들이 진심으로 협력하려면 공동의 이익이 있어야 합니다. 》

뤼즈 '공산주의'라는 단어에는 '공동共同'이라는 의미가 내포되어 있습니다. 사회적으로나 정치적으로 모두가 자유롭고, 지배자와 피지배자의 관계가 없어지는 것을 추구합니다. 결국 프롤레타리아 계급의 세계주의입니까?

마르크스 국민들이 진심으로 협력하려면 공동 이익이 있어야 합니다. 공동 이익이 되려면 국민들끼리 서로 착취하게 하는 현재의 소유 관계를 무너뜨려야 합니다. 하지만 오직 노동자 계급만이 현재의 소유 조건을 없애려 노력할 수 있고 유일하게 그 방법도 갖고 있습니다. 부르주아 계급에 대한 프롤레타리아 계급의 승리는 국가와 경제 간의 대립에 대한 승리이기도 합니다. 국가와 경제 대립 때문에 현재 개개인이 서로 대립하고 있습니다. 따라서 프롤레타리아의 승리는 압제 받는 모든 사람들의 해방을 알리는 신호탄이 됩니다.[187]

뤼즈 프롤레타리아의 해방은 세계주의를 이끄는 견인차 역할을 한다고 보셨습니다. '보편적인 계급'의 세계주의와 관련해 이 같은 생각에 대해 설명해 주신다면요?

마르크스 노동자에게는 조국이란 것이 없습니다. 노동자들이 갖지 못한 것을 빼앗을 수는 없습니다. 프롤레타리아가 우선 정치적인 권력을 차지하고 국가를 대표하는 계급이 되고 스스로 나라를 구성해야 하는 것처럼 노동자는 국가적입니다. 부르주아 계급이 의미하는 국가라는 개념과는 다릅니다. [⋯] 인간에 의한 인간의 착취가 무너지게 되면 한 국가가 다른 국가를 착취하는 일도 없어지게 됩니다. 한 국가 안에서 계급의 대립이 없어지면 국가 대 국가의 대립 역시 없어집니다.[188]

뤼즈 저 역시 이런 날이 오기를 꿈꿉니다. 물론 선생님께서는 단순히 이상적인 사회를 그리시려는 것은 아니겠죠. 하지만 자유로운 개인들의 연합이 공동으로 생산하고 분배하는 이상적인 환경을 구상할 수 있지는 않을까요?

마르크스 한번 상상해 봅시다. 자유로운 사람들이 공동 생산수단으로 일하고 서로 합의한 계획에 따라 각자의 힘을 모아 하나의 동일한 사회적 노동으로 승화시킵니다. 로빈슨 크루소의 노동이라고 하는 것이 여기서 재현이 되겠지만, 이 때는 개인적인 노동이 아니라 사회적인 노동입니다. 로빈슨은 철저하게 개인의 필요 때문에 노동을 해서 무엇인가를 만들어냈습니다. 그러니까 자신에게 당장 필요한 것을 만들어내는 것에 그쳤을 뿐입니다. 하지만 노동자들이 힘을 합해 내놓은 결과물은 사회적인 노동입니다. 그 결과물의 일부는 다시 생산 수단으로 사용되고 또 일부는 소비되어 결국 모두에

게 공평하게 분배되어야 합니다.[189]

뤼즈 생산된 부는 어떻게 분배가 이루어집니까?

마르크스 분배방식은 사회의 생산조직 성격에 따라, 그리고 생산자들이 역사적으로 발전해 온 수준에 따라 변화할 것입니다. 이 같은 상황을 상품생산과 대비해 보기 위해 각 노동자에게 돌아가는 몫은 각자의 노동시간에 의해 결정된다고 가정해 봅니다. 여기서 노동시간은 두 가지 역할을 하게 됩니다. 첫째, 사회에서 노동시간이 배분되면 다양한 목적의 여러 가지 노동들이 적절한 비율로 정해집니다. 둘째, 노동시간은 개개인이 공동노동에 어느 정도 참여했는지를 재는 척도 역할을 하기 때문에 공동생산물 중에서 개인이 분배 받는 몫을 정할 때 사용됩니다. 개개인이 노동과 노동 생산물을 통해 맺게 되는 사회적 관계가 생산 과정에서뿐만 아니라 분배 과정에서도 쉽고 투명하게 이루어집니다.[190]

뤼즈 또 다른 이상적인 상황을 상상해 본다면, 인간이 다양한 활동을 통해 여러 가지를 성취하게 되면 단순한 1차원적 인간에서 멈추지 않을 것 같은데요?

마르크스 오래 전부터 개인의 이익과 공동의 이익은 대립해 왔습니다. 또한 오래전부터 인간은 공동체로써 함께 작업을 했습니다. 하지만 인간의 활동은 점차 이상한 방향으로 변화하며 결국 인간은 자기 의지대로 활동을 하는 것이 아니라 오히려 활동에 끌려가며 지배를 받게 됩니다. 인간의 활동이 인간에게 적대적인 이상한 힘으로 변한 것입니다. 실제로 노동이 분배되기 시작한 순간부터 개개인은 의지와 관계없이 정해진 어느 한 가지 일만 의무적으로 떠맡게 되어 여기서 벗어나지 못하고 있습니다. 사냥꾼이든 어부든 양치기든 예술 비평가이든 간에 한번 어떤 일을 처음부터 맡게 되면 생계를 위해 계속 그 일만 해야 합니다.[191]

뤼즈 미래에는 이처럼 일방적인 노동에서 벗어나 진정한 인간으로 성취감을 느끼며 살 수 있을까요?

마르크스 공산주의 사회에서는 개개인이 어느 하나의 일만 하는 것이 아니라 좋아하는 분야의 일을 하면서 그 기술을 완벽하게 다듬어갈 수 있습니다. 사회가 전체 생산을 규제하면 현재에도, 그리고 미래에도 이와 같은 일이 가능해지리라고 봅니다. 예를 들어 아침에는 사냥꾼이었다가 오후에는 어부, 그리고 저녁에는 양치기, 그리고 식사 후에는 비평가가 되는 것입니다. 내가 원하는 일에 다양하게 접하는 것이지 절대로 평생토록 사냥꾼이나 어부, 또는 비평가와 같은 한 가지 일만 하면서 살지는 않게 되죠. 사회적으로 해야 하는 일이 고정됨으로써 우리가 거기서 벗어나지 못하고 지배를 받게 되면 우리 각자가 가진 기대와 계획은 아무짝에도 쓸모가 없게 됩니다. 역사는 지금까지 이런 식으로 발전해 왔습니다. 한마디로 개인 이익과 집단 이익 사이에 모순이 생긴 것입니다. '정부'가 집단 이익을 내세우면서 정작 구성원 개개인과 집단이 추구하는 실질적인 이익을 고려하지 않고 일방적이 되면 결국 무늬만 공동체일 뿐 내부는 분열되게 됩니다.[192]

뤼즈 공산주의 사상은 전 세계의 수요와 공급 관계를 그대로 두어야 한다고 봅니까, 아니면 통제해야 한다고 봅니까?

마르크스 서로 다른 개인과 국가가 만들어 낸 상품을 교환하는 것이 무역입니다. 전 세계의 무역은 수요와 공급 관계에 따라 이루어집니다. 영국의 어느 경제학자에 따르면, 수요와 공급 관계는 아주 오랜 숙명처럼 이 땅 위를 맴돌고 있으며 보이지 않는 손을 통해 인간의 행복과 불행을 나누고 제국과 국민을 탄생시키기도 하고 사라지게도 한다고 했습니다. 그런데 이런 일이 어떻게 아직까지도 일어나고 있습니까? 반면, [⋯] 일단 공산주의 식의 생산 규제가 이루어져 인간이 자신의 생산물을 낯설게 느끼게 되는 감정(노동자의 소외 감정)이 사라지게 되면, 수요와 공급의 법칙은 힘을 잃게 되고 인간은 교환, 생산, 상호 존중의 행동방식을 회복하게 됩니다.[193]

뤼즈 결국 공산주의적 보편주의란 어떤 것입니까? 자본주의의 세계화와는 다른 새로운 형식의 세계화를 제안하는 것입니까?

마르크스 공산주의는 이루어져야 하는 어떤 상태를 가리키는 것도 아니며, 또 현실이 따라야 하는 이상을 가리키는 것도 아닙니다. 공산주의는 현재의 불합리한 상태를 없애자는 실질적 운동을 가리킵니다. 현재의 상황이 잘못되었기에 공산주의 운동이 필요한 것입니다. 특히 노동자들은 현재 그저 노동력만 제공하는 단순 노동자들로 전락해 있습니다. 대규모 노동자들은 자본에 종속되어 얼마 안 되는 임금을 놓고 경쟁하게 되고 자본주의의 세계화로 세계시장에서 더욱 치열하게 경쟁을 하게 됩니다. 노동자들에게 노동은 생계에 꼭 필요한 수단이지만 경쟁이 치열해지면서 일자리를 잃을 수도 있게 됩니다. 이는 더 이상 일시적인 현상이 아닙니다. 이 같은 상황에서 프롤레타리아는 세계적으로 연대가 필요하며 이를 이끌어내는 활동인 공산주의 역시 세계적으로 퍼져나갈 필요가 있습니다.[194]

뤼즈 어떤 면에서 개인이 완전히 해방되면 인류 전체가 해방이 되고 진정한 세계의 공동체가 출현하게 됩니까?

마르크스 전 세계적으로 산업 활동이 늘어나면서 개개인은 점점 더 이상한 낯선 힘에 노예처럼 종속이 되었습니다. 이 힘은 소위 '세계 정신'이라 불리는 것인데 개개인에게 이는 그저 압박일 뿐입니다. 이 힘은 점점 막대해져 전 세계 시장에서 적용되고 있습니다. 〔…〕 지금까지의 경험으로 살펴보면, 개인의 진정한 지적 재산은 실질적으로 많은 이들과 관계를 맺을수록 풍부해져 왔습니다. 이렇게 타인과의 풍부한 관계를 통해서만 개개인은 국가와 지역의 한계를 벗어나 시각이 넓어져 세계의 상품(지적 상품도 포함)과 만나게 되고 각자의 분야에 맞게 세계의 상품(인간의 창작물)을 즐길 수 있게 됩니다. 개개인이 전 세계적으로 협력하게 되면 보편적으로 서로 의존하게 됩니다. 이와 같은 보편적인 의존력은 공산주의 혁명을 통해 이전의 협력을 의식적으로 조절하는 능력으로 바뀌게 됩니다. 개개인의 상호 활동으로 나오게 된 힘이 지금까지는 낯선 힘처럼 위협적으로 작용했다면 공산주의 혁명을 통해 이 같은 상황이 달라지게 됩니다.[195]

뤼즈 따뜻한 마음으로 꾸준히 전개하고 계신 운동의 원칙에 대해 자세히 설명해주셔서 감사합니다. 노동자가 해방이 되면 인류 전체 역시 해방이 되기 때문에 노동자 해방은 참으로 흥미로운 계획입니다. 자본주의의 착취가 무너지면 배금주의로 얼룩진 이기적인 인간관계도 해결이 됩니다. 대단히 급진적인 인본주의 철학이라면 이 같은 일을 성공시킬 수 있다고 봅니다. 선생님께서는 어떠한 생각을 통해 지금의 철학을 갖게 되셨는지도 말씀해 주신다고 하셨는데, 이와 관련해서는 내일 다시 뵙겠습니다. 다시 한 번 감사드립니다. 건강 잘 챙기시길 바랍니다.

세번째 인터뷰

급진적 인본주의

앙리 페나 뤼즈 마르크스 선생님, 안녕하십니까. 마지막 인터뷰를 위해 이렇게 시간을 내주셔서 감사합니다. 마지막 인터뷰에서는 선생님께서 힘을 쏟으신 급진적 인본주의에 대해 다뤄보려고 합니다. 선생님의 말씀 중 인간 존중에 대한 부분이 가장 인상적이었습니다. 선생님께서는 인간 존중이 얼마나 중요한 지에 대해 많은 영감을 주셨고 인간 존중이 바탕이 되는 '완전한 인간'을 끝없이 언급하셨습니다. 자본주의 체제의 착취에 대해 연구하고 자본주의 체제에서 착취당하는 인간을 해방시키고자 투쟁하신 것도 이 같은 이상을 실현하기 위해서입니다. 만인 평등론자 Universaliste이신 선생님께서는 전 인류가 해방되어야 한다는 방향으로 투쟁을 확대하고 계시고 인간의 노예화, 차별받는 여성, 어느 한 국가가 다른 국가에게 행하는 압제를 비판하고 계십니다. 선생님의 철학적 사상에서는 인본주의가 어떻게 남다른지 알

고 싶습니다. 아이스킬로스*, 프로메테우스, 에피쿠로스**, 아리
스토텔레스⋯ 선생님은 이들과 같은 고대 사상가들을 글에서 많
은 부분 인용하고 계신데요, 이들의 사상을 출발점으로 삼으시는
이유는 무엇입니까?

칼 마르크스 고대 그리스인들은 웅장하고 명백한 진실성을 지녔
기에 영원히 우리의 스승으로 남아있을 것입니다. 명백한 진
실성을 통해 모든 것이 빛나고 간혹 모호할 때도 본래의 순
수한 빛 속에서 가리어진 것 없이 드러날 수 있습니다.[196]

뤼즈 선생님은 무엇보다도 진실을 중시하십니다. 잘못된 환상과 편
견에 대해 비판적인 생각을 강조하는 이유는 무엇입니까?

마르크스 철학이라고 하면 무조건 권위가 있고 좋은 것으로만
받아들여서는 안 됩니다. 진정한 철학은 인민의 권위를 반영
하고 오랫동안 선의善意를 간직한 것이어야 합니다.[197]

뤼즈 선생님께서는 철학 박사 논문의 주제로 에피쿠로스에 대해 쓰
셨습니다. 에피쿠로스의 유물론** 과정과 인간적인 자연주의를 받
아들이셨는데 그 이유는 무엇입니까? 에피쿠로스의 인간적인 자연
주의는 쾌락을 삶의 지표로 삼습니다.

• Aeschylos(B.C. 525?~B.C. 456). 고대 그리스의 비극 시인으로 인간과 신의 정의가 일
 치한다는 것을 노래하였다. 오늘날 「오레스테이아」 등 7개의 비극이 전한다.
•• Epikouros(B.C. 342?~B.C. 271). 고대 그리스의 철학자로서 유물론자이다.
∴ 물질을 제1차적·근본적인 실재로 생각하고, 마음이나 정신을 부차적·파생적인
 것으로 보는 철학설로 유물주의라고도 한다.

마르크스 본성을 합리적으로 이해한다면 본성의 노예가 되지 않습니다. 그리고 본성의 노예가 되지 않는다면 본성은 더 이상 이성적인 의식이 경계해야 하는 공포의 대상이 아닙니다. 이성적인 의식은 본성을 자유롭게 풀어줄 때에만 본성을 이성 자체로 인식해 완전히 본성을 지배한다고 보는 것이 에피쿠로스의 철학입니다.[198]

뤼즈 에피쿠로스는 과학이 무지로 인한 불안감을 해소해줄 수 있다고 봤습니다. 그러니까 에피쿠로스는 종교적 맹신을 타파하자는 말을 하고 싶었던 것일까요?

마르크스 세상의 주인이 되는 완벽히 자유로운 심장은 그 안에 단 한 방울의 피만이 흐르고 있더라도 철학에 반대하는 사람들에게 끊임없이 에피쿠로스의 외침을 전할 것입니다. 불경한 사람은 대중이 믿는 신을 거부하는 사람이 아니라 대중의 견해들이 마치 신들에게서 나온 것처럼 호도하는 사람입니다.[199]

뤼즈 인간의 해방을 상징하는 또 다른 인물로 프로메테우스를 들 수 있습니다. 프로메테우스는 불과 기술을 훔쳐 인간에게 전하면서 신들에게 도전했죠. 프로메테우스의 이 같은 행동에 어떤 철학적 의미를 부여하시겠습니까?

마르크스 철학 역시 프로메테우스가 신에 대해서 지녔던 생각을 따릅니다. '한마디로 나는 모든 신을 증오한다'입니다. 철학 역시 신을 증오한다는 슬로건에 따라 천상의 신이건 지상의 신이건 모든 신에 대해 반대합니다. 신은 인간의 의식을 신성과 동등하게 인정하지 않기 때문입니다. 철학은 반대자들이 뭐라고 하든지 신경 쓰지 않습니다. 철학이 사회에서 차지하는 입지가 점점 낮아지는 것을 기뻐하는 겁쟁이들에게 철학은 프로메테우스가 헤르메스에게 했던 말을 들려줍니다. 신들에게 아부하는 메신저 헤르메스에게 프로메테우스는 이렇게 말했습니다. "당신처럼 노예 같은 삶을 사느니 차라리 지금 나의 고통스러운 삶을 사는 것이 낫습니다. 제우스에게 충실한 메신저로 봉사하느니 차라리 이렇게 쇠사슬에 매여 있겠습니다." 철학의 역사 속에서 존경받는 성인과 순교자 가운데 가장 고결한 인물로 프로메테우스가 평가받는 이유가 바로 이것입니다.[200]

뤼즈 따라서 철학은 인간을 객관적으로 설명하고 인간을 확립하는 과정이기에 인간 해방을 사명으로 하는 학문입니다. 하지만 모든 철학이 역사와 관련된 것은 아니지 않습니까?

마르크스 철학자는 버섯처럼 어느 날 갑자기 땅에서 솟아나는 존재가 아닙니다. 철학자는 그 시대, 당대 민중을 통해 만들어지는 산물입니다. 따라서 철학 사상은 당대 민중이 마음속에 은밀히 품고 있는 정신을 대변합니다. 철학자들의 사상을 만든 정신이 노동자들의 손과 만나 철도를 건설하기도 합니다. 뇌가 인간의 위장 속에 위치하지 않는다 해서 인간과 분

리되어 있는 것이 아닌 것처럼 철학 역시 세상과 동떨어진 존재가 아닙니다.[201]

뤼즈 철학이 세상과 동떨어지면 실제 인간의 삶에 뿌리내리지 못할 수도 있지 않습니까?

마르크스 물론 철학은 먼저 머릿속에서 나오지만 점차 현실에서 구체적으로 적용이 됩니다. 그러니까 여러 가지 활동을 하면서 인간은 오랫동안 두 발로 땅을 굳건히 밟고 손으로 세상의 열매를 따왔습니다. 그리고 나서 인간은 머릿속에서 나오는 '정신' 역시 세상을 만들어간다는 생각 혹은 이 세상은 정신의 영향을 받는다는 생각을 하게 됩니다.[202]

뤼즈 먼저 인간의 머릿속에 생각이 형성되고 그 다음에 상황을 설명하게 됩니다. 관념론이란 현실을 있는 그대로가 아니라 추상적으로 바라본다는 의미시죠?

마르크스 예를 들어 저는 현실 속에 존재하는 사과, 배, 딸기, 아몬드를 떠올리며 일반적인 '과일'을 생각합니다. 그러니까 실제 존재하는 과일 종류들을 기준으로 '과일'이라는 전체 개념을 생각합니다. 이 때 '과일'이라는 개념은 단순히 저의 상상에서 나온 것이 아니라 구체적인 형태를 갖추고 있는 배, 사과 등을 포함하는 대상을 가리킵니다. 하지만 경험이나 구체적인 대상을 통해서가 아니라 순전히 머릿속으로만 추상적으로 생각하는 사변철학의 언어로 설명하면, '과일'이라는 추상적 개념이 먼저 형성되고 과일은 배, 사과, 아몬드 등이 가진 특징을 의미합니다. 즉, 배나 사과 속에 과일의 특징이 있기는 하지만 과일이 배 혹은 사과라고 구체적으로 규정짓지는 않습니다.[203]

뤼즈 사실, 선생님께서 비판하시는 것은 관념론 아닙니까? 관념론이 '과일'이라는 추상적 개념에서 출발해 실질적인 과일 모습을 이끌어 내려하기 때문에 비판하시는 것이죠?

마르크스 실질적으로 존재하는 과일에서 시작해 추상적으로 과일을 뭉뚱그려 내는 것은 쉽지만, '과일'이라는 추상적인 개념에서 출발해 실질적인 과일의 모습을 그려내는 것은 어렵습니다. 추상적인 개념을 포기하지 않는 한 하나의 추상적인 개념에서 추상적인 개념의 반대에 도달하는 것은, 즉 구체적인 개념을 이끌어내는 것은 불가능합니다. 따라서 관념론자는 '과일'이라는 추상적인 개념을 버리는 길을 택해야 할 겁니다. 그가 어떤 방식으로 사고하는지 살펴봅시다. 관념론자는 사과, 배, 아몬드, 딸기는 과일의 본질을 가진 대상에 불과하지 '과일' 자체는 아니라고 합니다. 그렇다면 왜 저는 '과일'이라는 말을 들으면 배, 사과, 아몬드의 모습이 바로 떠오를까요? '과일' 전체, '과일의 본질', '과일' 같은 추상적인 개념을 생각해봐도 실제 존재하는 다양한 과일의 종류가 하나씩 떠오릅니다. 왜 그런 것일까요?[204]

뤼즈 따라서 실제로 상황과 사물이 형성되는 과정에 대한 의문이 생겨나는 것이군요. 관념론자는 이 같은 문제와 관련해 어떻게 생각을 전개해 나갑니까?

마르크스 관념론자는 '과일'이란 고정된 하나의 모습으로 있는 것이 아니라 변화하고 다양한 모습을 가지고 있다고 대답합니다. 실제 존재하는 과일이 다양하면 제가 과일을 이해하는 폭이 넓어져서 좋고, 과일 자체도 다양성이 있으니 좋고, 관념론의 논리를 위해서도 좋습니다. 관념론은 실제 존재하는 과일이 다양한 것은 '과일'이라는 하나의 추상적인 개념에서 다양한 모습의 구체적인 과일이 나왔기 때문이라고 설명합니다. 즉 '과일'이라는 추상적 개념이 다양한 모양으로 분화되어 여러 가지 모습의 과일이 나타났다는 논리입니다. 예를 들어, 사과는 추상적인 개념의 '과일'이 사과의 모습으로 나타난 것이고 배는 추상적인 개념의 '과일'이 배의 모습으로 나타난 것이라는 의미입니다.[205]

뤼즈 관념론은 실제 존재하는 다양한 과일들이 '과일'이라는 추상적 개념에서 나왔다는 주장을 펼치고 있다고 하셨는데, 관념론은 종교에서 이야기하는 '육화肉化'라는 개념으로 현실을 설명하고 있다는 뜻이죠?

마르크스 한번 살펴봅시다. 그리스도교는 신의 육화만을 이야기

• 신학에서 '육화肉化incarnation'는 영원한 신성의 예수가 인간의 육신을 지니고 현현한 것을 말한다.

하지만 관념론은 사물마다 육화가 있다고 봅니다. 예를 들어 '과일'이라는 절대적인 개념이 다양하게 분화해 여러 가지 과일이 나타났다는 것이 관념론의 주장입니다. 관념론자는 '과일'이라는 추상적인 개념에서 실제 존재하는 과일들이 나오게 되었고 사과, 배, 씨 없는 포도같은 모습으로 분화하게 되었다는 주장을 하는 것이죠.[206]

뤼즈 구체적인 것보다 추상적인 것을 우선시하는 관념론은 그리스도교적 육화 모델을 계승한다고 분석하셨습니다. 그리스도교적 육화 모델은 정신이 먼저 형성되고, 살이 붙은 다음 구체적인 형태가 완성된다고 보고 있습니다. 이런 과정의 특징은 무엇입니까?

마르크스 보통 사람들은 사과와 배들이 존재한다고 말하면서 자신이 대단한 주장을 한다고 생각하지 않습니다. 하지만 철학자는 사과와 배들이 존재한다는 것을 사변적으로 표현하면서 뭔가 대단한 말을 한 것이 됩니다. 철학자는 '과일'이라는 추상적인 개념에서 출발해 원래 실제로 존재하던 것들, 즉, 사과, 배 등을 만들어내면서 기적을 행하는 것이 됩니다. 즉 과일이라는 하나의 막연한 종류를 생각하다가 실재하는 다양한 과일의 존재를 이끌어낸 것입니다. 그리고 각 종류의 과일이 존재한다는 말을 할 때마다 자신이 창조주 같은 역할을 했다고 봅니다.[207]

뤼즈 앞서 언급하신 사변적인 이상주의에 대한 비판을 하신다면요?

마르크스 독일에서 실질적인 인본주의를 위협하는 최대 적수는 유심론唯心論[.], 일명 사변적인 관념론입니다. 유심론은 인간 개인 대신 자신에 대한 인식이나 정신을 중시하고 마치 복음주의자처럼 '정신이야말로 모든 것을 살리는 힘이고 육체는 아무짝에도 쓸모없다'라고 가르치기 때문입니다. 당연히 육체에서 분리된 정신은 상상 속에서만 존재하는 것입니다.[208]

뤼즈 관념론을 비판하실 때 선생님은 처음에는 헤겔을 비판 대상으로 삼다가 그 다음에는 헤겔의 경쟁자들을 비판 대상으로 삼으셨습니다. 선생님께서는 헤겔의 이상주의가 신학을 되살린다는 점에서 대중의 정신과는 반대된다고 지적하고 계신데, 헤겔이 끝없이 정신을 언급하는 것을 어떻게 해석하십니까?

마르크스 헤겔의 역사 개념은 추상적 정신 혹은 절대정신[..]을 전제로 하고 있습니다. 추상적 정신 혹은 절대정신의 존재가 커지다보니 인류는 이러한 정신을 받쳐주는 '하나의 집단'에 지나지 않게 됩니다. 역사는 일반대중이 경험한 것을 바탕으로 이해할 수 있어야 하는데 헤겔은 사변적이고 난해한 역사를 전개합니다. 이에 따라 인류의 역사는 인류의 추상적 정신의 역사, 실제의 인간과 동떨어진 정신의 역사로 변모하게 됩니다. [···] 헤겔은 인간의 집단이 역사의 절대정신을 이룬

• spiritualism, 우주의 본체를 정신적인 것으로 보며 물질적 현상도 정신적인 것의 발현이라는 이론.
•• 헤겔 철학에서 주관과 객관을 동일화하여 완전한 자기 인식에 도달한 정신.

다고 봤습니다. 역사의 절대정신에 대한 설명은 철학에서만 찾을 수 있는 난해한 개념입니다. 철학자는 이를 전달하는 대변자일 뿐이며 오히려 절대정신이 역사를 이루어가는 주체가 됩니다. 절대정신이 역사의 주인공이 되다보니 도리어 철학자는 역사에 참여할 수 있는 여지가 줄어들게 됩니다. 한마디로 철학자는 부차적인 존재가 됩니다.[209]

뤼즈 선생님께서는 이상주의를 비판하시지만 또한 모든 유물론에 대해서도 비판적이십니다. 처음에는 포이어바흐*의 유물론을 지지하셨지만 이후 이 사상과 거리를 두셨습니다. 특별한 이유가 있으십니까?

마르크스 포이어바흐는 인간도 감각적 대상이라고 봤다는 점에서 순수 유물론자들에 비해 훨씬 낫습니다. 하지만 포이어바흐의 생각도 한계를 갖고 있습니다. 인간을 단순히 감각적 대상으로만 이해했을 뿐 감각적 활동으로는 보지 않았는데, 이는 포이어바흐가 이론적인 면에만 집착했을 뿐 인간을 주어진 사회적 배경과 삶의 조건이라는 관점에서 이해하지 않았기 때문입니다. 포이어바흐는 실제로 존재하고 활동하는 인간이 아니라 '인간'이라는 추상적 범주 속에서의 인간을 생각합니다. 그리고 포이어바흐는 '뼈와 살로 이루어진 실질적인 한 개인으로서의' 인간을 감정이라는 개념에서만 바라

• Ludwig Andreas Feuerbach(1804. 7. 28~1872. 9. 13). 19세기 독일의 철학자로 헤겔 철학을 비판하면서 유물론적인 인간 중심의 철학을 제기했다.

봤습니다. 다른 말로 하면, 인간과 인간 사이의 관계를 실질적인 관점이 아니라 미화된 사랑과 우정이라는 추상적인 관점으로만 생각한 것입니다.[210]

뤼즈 그러니까 포이어바흐는 구체적인 현실이 실질적인 활동임에도 이를 수동적인 상태로서만, 혹은 헤겔이 말한 대로 부정적 태도négativité, 즉, 부정과 극복을 통한 발전 과정으로서만 바라봤다는 뜻이군요.

마르크스 포이어바흐는 실제 삶의 조건을 비판하지 않습니다. 즉 그는 결코 감각으로 느낄 수 있는 세상을 개개인들의 실질적이고 구체적인 활동으로 이루어졌다고 보지 않습니다. 예를 들어, 포이어바흐는 건강한 인간 대신 굶주리고 병들고 지치고 폐병에 걸린 대중을 보면서 인간은 하찮고 상황에 끌려 다니는 존재로 인식한 결과, 여기에 체념해 이상주의라는 자신만의 세계에 갇혀버렸습니다. 정확히 공산주의 유물론자가 산업과 사회구조를 근본적으로 바꿔야 한다고 보고 그 방법을 생각한 것과는 반대입니다. 유물론자로서의 포이어바흐는 역사를 끌어들인 적이 없습니다. 그리고 역사가로서의 포이어바흐는 유물론자가 아닙니다. 포이어바흐는 역사와 유물론이 완전히 분리된다고 봅니다.[211]

뤼즈 이 같은 문제점에도 불구하고 포이어바흐의 장점도 인정하고 계시군요. 헤겔의 변증법에서 신학이 차지하는 비중을 알아낸 것은 포이어바흐 아닙니까?

마르크스 포이어바흐의 위대한 점은 크게 세 가지입니다. 첫째, 헤겔의 철학이 단지 종교를 철학으로 구현하고 발전시킨 것에 지나지 않는다는 점을 증명한 것입니다. 즉 헤겔의 철학은 인간을 소외시키는 또 다른 형태와 방식에 불과하다는 점에서 비난할 만하다고 본 것입니다. 두번째, 진정한 유물론과 실질적인 과학을 인간 대 인간의 사회적 관계를 이론적 토대로 세워 확립했다는 점입니다. 셋째, 자기 자신에 기반을 둔 절대적인 긍정이라고 주장되는 '부정의 부정'[•]에 반대했다는 점입니다.²¹²

《 실질적 변화에 대해 성찰이 이루어질 때 비로소 사상의 변화가 일어납니다. 》

뤼즈 꽃봉오리가 열려 꽃이 되고 꽃이 활짝 피어 열매가 열립니다. 이는 헤겔의 변증법을 이미지로 설명한 예입니다. 모든 현실은 모순으로 가득합니다. 모든 현실은 부정과 보존을 통해서 발전해 갑니다. 선생님께서는 사회적인 모순을 연구함에 있어서 선생님의 변증법도 헤겔의 변증법과 같은 것인지요?

마르크스 저의 논리는 헤겔의 변증법과 기본적으로 다를 뿐 아

• 헤겔 변증법의 근본 법칙의 하나. 사물이나 정신은 모두 내부에 자기모순을 내포하고 있기 때문에 이로 인하여 첫번째 자기를 부정하고, 다시 그 상대적 대립 그 자체를 부정하여 한층 높은 통일로 나아가는 일이다.

니라 완전히 반대입니다. 헤겔은 사상의 움직임을 관념이라는 이름으로 설명하면서 현실을 창조하는 주체로 봅니다. 헤겔은 현실을 관념의 현상으로 나타난 모습에 지나지 않는다고 봅니다. 하지만 저는 반대로 실질적 변화에 대해 성찰이 이루어질 때 비로소 사상의 변화가 일어난다고 봅니다. 약 30년 전에 헤겔의 변증법은 여전히 유행하고 있었지만, 저는 헤겔의 변증법이 난해하다고 비판했습니다. 헤겔은 잘못된 논리를 통해 변증법을 난해한 신비 철학으로 바꿔버렸지만 그래도 사유의 운동을 전체적으로 연구한 최초의 철학자입니다.[213]

뤼즈 이 점에서 헤겔의 관념론적인 변증법은 실제의 질서를 뒤집습니까?

마르크스 헤겔의 관념론적 변증법은 매우 난해하게 느껴지지만 찬찬히 살펴보면 매우 합리적이기도 합니다. 헤겔의 변증법은 기존의 것들을 고귀한 것으로 미화해 찬미하는 듯한 느낌을 주면서 독일에서 인기를 끌고 유행이 되었습니다. 신비주의 철학으로 오히려 각광을 받은 것이죠.[214]

뤼즈 하지만 변증법은 인간 사회에 적용이 되면 혁명적이 될 수 있습니다.

마르크스 변증법이 합리적인 모습을 띠게 되면 지배계급과 교조주의적 사상가들에게는 위협이 됩니다. 변증법은 기존의 상

황을 긍정적으로 바라보는데, 여기에는 모든 것이 숙명이라
는 것을 부정하고 이를 타파해야겠다는 생각도 포함되기 때
문입니다. 모든 상황은 과도기에 불과하므로 그 어떤 것도 무
조건 받아들이라 할 수 없다는 생각이 나오는 것입니다. 그러
니까 근본적으로 비판적이고 혁명적인 모습을 띠게 됩니다.[215]

뤼즈 『기독교의 본질』을 집필한 포이어바흐는 헤겔의 사상이 기독
교의 '육화' 모델 같은 역할을 한다고 증명하지 않았습니까?

마르크스 이런 방식으로 포이어바흐는 헤겔의 변증법을 설명하
고 긍정적인 구체적 개념과 감각적인 확신을 출발점으로 합
니다. 헤겔은 본질(논리학적인 용어로 설명하자면 무한자, 추상적
보편자)의 소외* 즉 절대화되고 고정화된 추상물의 소외에서
출발합니다. 대중 언어로 풀어서 설명하자면, 헤겔은 종교와
신학에서 출발합니다. 그 다음에는 무한함을 파기하고 현실,
감각, 유한성, 개별적인 것을 세웁니다(여기서 철학이란 종교와
신학을 파기한 것을 의미). 끝으로 헤겔은 이번에는 긍정을 파기
하고 추상적 개념, 무한함을 회복시킵니다. 다시 종교와 신
학으로 돌아가는 것입니다.[216]

• 헤겔의 형이상학적 사유에 따르면 모든 존재자는 그 본성상 자기 자신을 부정하여 자
기의 타자他者로 되고 이질화異質化되는 필연성을 내포한다. 나아가 이러한 사고방식
에 따르면 일단 부정된 것도 그 내재적 부정성에 의해서 다시 부정되어 본래의 것으
로 귀환하게 된다. 다만 그 귀환은 단순한 이전의 존재로 복귀하는 것이 아니라 '부정
의 부정' 내지 '타자의 타자'라는 매개를 거쳐 좀 더 풍부한 내용을 획득한 복원이다.
헤겔의 소외 개념은 본래 이와 같은 '타자화'의 사상 위에서 성립한 것이다. 그런 의
미에서 헤겔이 말하는 소외al[Unaccuracy]iénation란 기본적으로는 자기소외인 것이다.

뤼즈 헤겔은 인간의 노동을 사회적, 역사적 차원에서 분석했습니다. 이는 헤겔의 철학이 단순히 신비주의적인 범신론汎神論*에 그치는 것이 아니라 합리적인 면도 지니고 있다는 의미가 아닐까요?

마르크스 헤겔의 『정신현상학』**과 '부정적 본성'에 관한 논리는 위대합니다. 헤겔은 인간이 현재에 안주하는 태도를 스스로 부정하고 한계를 넘어 발전하려는 마음이 '부정적 본성'에서 나온다고 봤습니다. 『정신현상학』과 '부정적 본성'의 논리가 위대한 이유는 두 가지입니다. 첫째, 헤겔은 인간은 자신의 발전을 위해 노동을 하고, 세상에서 소외되었다는 생각이 들면 소외를 극복하고 노예처럼 되지 않으려고 노력하는 존재라고 했기 때문입니다. 둘째, 헤겔은 노동의 본질을 제대로 이해하고 있으며 인간의 본질은 '노동하는 인간'이라고 주장하며 인간을 객관적이고 현실적으로 바라보았기 때문입니다.[217]

뤼즈 선생님의 철학은 '소외疎外'**•라는 개념을 중요하게 봅니다. 헤겔은 인간의 역사를 정신적인 관점에서 보았고 이 과정에서 외화外化와 소외疎外를 대립의 개념으로 보았습니다. 이 점은 선생님의 사상과도 통한다고 볼 수 있지 않을까요? 이 같은 헤겔의 관점에서 실제 인간의 모습은 어떻게 그려집니까?

• 신神과 우주宇宙를 동일시하는 종교적 · 철학적 혹은 예술적인 사상체계.
•• *Phenomenologie des Geistes*. 변증법적 사유를 통한 인식의 발달 과정을 의식, 자각, 이성, 정신, 종교, 절대지絶對知의 여섯 단계로 나누어 서술한 책으로 1806년 출간되었다.
•• 자신의 주변, 노동 및 노동의 산물, 자아로부터 멀어지거나 분리된 듯한 감정상태.

마르크스 헤겔의 관점을 이해하려면 '주체'가 필요합니다. 헤겔은 절대적인 자의식을 가진 주체를 '신神', '절대정신'으로 보고 있고, 실제 존재하는 인간과 자연을 객체로 보고 있습니다. 여기서부터 주객이 전도됩니다. 정신 속에 존재하는 신은 주체가 되고 실제 존재하는 인간과 자연이 객체가 되기 때문입니다. 주체는 소외되고 소외를 극복해보려 하지만 이내 소외에서 벗어나지 못합니다.[218]

뤼즈 그래서 의식에 관한 헤겔의 변증법이 추상적이라고 비판하시는 것이군요. 헤겔의 변증법 논리에 따르면 의식은 외화된 이후 다시 본래의 상태로 회복되고 나서 소외됩니다.

마르크스 대상이 낯설게 느껴지면서 자신이 소외된 인간이라고 느끼는 것은 그야말로 현실이 아니라 생각일 뿐입니다. 소외는 추상적이고 현실과 동떨어지게 표현하는 것에 지나지 않으며 소외되었다는 부정적인 생각에 사로잡힌 것뿐입니다. 헤겔은 인간을 자의식自意識과 동일시하기 때문입니다. 따라서 소외 문제를 해결하려면 막연히 소외되었다는 무의미하고 추상적인 생각으로부터 벗어나고 부정적인 생각을 버리기만 하면 됩니다.[219]

뤼즈 종교에도 적용될 수 있는 논리입니까?

마르크스 인간은 자의식을 잃을 때 종교에 의지합니다. 따라서 자의식이 확고할 때가 아닌, 자의식을 잃을 때 종교에서 답

을 찾으려고 합니다. 자의식이 확고한 사람은 종교에 매달리지 않고 오히려 종교를 버리게 됩니다.[220]

뤼즈 따라서 친구인 엥겔스 씨와 마찬가지로 새로운 관점을 갖게 되었군요. 기계론적 유물론과 변증법적 관념론이 서로 결합해 변증법적 유물론이 탄생했습니다. 이 같은 과정에 대해 간단히 설명하신다면?

마르크스 하늘에서 땅으로 내려오는 독일철학과는 달리 여기서는 땅에서 하늘로 올라갑니다. 다시 말해서, 인간들이 말하고 상상하고 표상하는 것을 출발점으로 삼거나 말, 생각, 상상, 타인의 표상 속에 있는 인간들을 출발점으로 삼아 '살과 뼈로 이루어진 구체적인 인간'에 도달하지는 않는다는 것입니다. 오히려 인간이 하는 실질적인 활동을 기반으로 해서 인간을 분석합니다. 인간이 실질적으로 살아가는 과정을 출발점으로 삼아 철학을 전개하자는 것이죠.[221]

뤼즈 이처럼 다른 시각으로 생각하게 되면서 인간의 의식에 대해 다시 생각해 보는 계기가 생기는 것이군요…

마르크스 인간의 머릿속에서 일어나는 몽상도 물질적 삶의 과정에서 당연히 나타나게 되는 작용입니다. 경험과 물질적인 기준을 기본으로 하는 삶이 바로 물질적인 삶의 과정입니다. 물질적 삶 속에서 도덕, 종교, 형이상학, 기타 이데올로기 그리고 여기에 해당하는 다양한 의식은 즉각 자율성을 잃게 되고 지속되기도, 발전하기도 힘들어집니다. 인간이 물질적인 생산을 늘려가고 물질적 관계를 발전시켜가면서 자신이 처한 현실도 바꿔가고 자신의 생각과 사상도 바꿔갑니다.[222]

뤼즈 그렇다면 기존의 유물론과는 다른 변증법적 유물론의 특징에 대해 좀 더 설명해 주시겠습니까?

마르크스 변증법적 유물론은 기본적으로 실질적인 전제에서 출발하며 단 한 순간도 이를 어긴 적이 없습니다. 여기서 말하는 전제는 추상적인 개념과 상상 속의 인간이 아니라 실제로 살아가고 발전하는 구체적인 인간을 뜻합니다. 변증법적 유물론은 인간이 살아가고 활동하는 과정에 주목합니다. 변증법적 유물론의 관점에서 보면 역사는 단순한 사건들의 집합이 아니라 실제로 존재한 인간들이 만든 삶의 이야기입니다. 따라서 변증법적 유물론은 추상적인 관점을 갖고 있는 경험주의 철학, 혹은 추상적인 주체와 활동을 이야기하는 관념론과는 다르다고 할 수 있습니다.[223]

《 철학은 살아 있는 교양이 되어야 합니다.》

뤼즈 경제학과 사회학, 역사는 인식론과 단절하라는 요구를 합니다. 여기서 철학은 어떻게 되는 것입니까?

마르크스 이때부터 사변적인 생각이 멈추고 실질적인 삶 속에서 실질적이고 긍정적인 학문이 나타납니다. 실질적으로 이루어지는 인간의 활동, 과정, 성장에 대한 분석이 이루어진다고 할 수 있습니다. 의식을 추상적인 관점에서 다루는 철학 대신 실질적인 학문이 힘을 얻게 된 것이죠. 현실적인 학문이 등장하면서 철학은 영향력을 잃게 됩니다. 철학 대신 인간이 역사적으로 이루어 온 발전을 연구하며, 추상적이 아니라 보편적인 방식으로 결론을 돌출해 종합하는 학문이 각광받을 것 같습니다. 실질적인 역사와 동떨어진 추상적인 관념은 가치를 잃게 됩니다.[224]

뤼즈 현대의 철학은 구체적인 상황을 역사적으로 이해하려고 노력하고 있는 것 같은데 아닙니까?

마르크스 모든 진정한 철학은 당대 정신의 정수입니다. 때문에 철학이 당대의 실제 세상과 접촉하고 교류하는 시대가 열려야 합니다. 그러나 철학은 기존의 시스템에 비판적이면서도 새로운 시스템을 제시하지 않다 보니 그저 세상에 대해 비판만 하는 철학이 될 뿐입니다. 철학은 현재 세상을 반영해야 합니다. 철학은 살아있는 교양이 되어야 합니다[225]

뤼즈 선생님의 철학은 인간이 정확히 정의할 수 있는 본질에 따라 갑자기 정해질 것이라는 생각을 거부합니다. 전통적인 본질주의 철학과 단절하게 되신 이유는 무엇입니까?

마르크스 인간은 본질적으로 홀로 존재하는 추상적인 개념이 아니라 사회적인 관계가 모인 실질적인 개념입니다.[226]

뤼즈 사실, 이 같은 개념에 따라 인간의 경제 활동을 역사 인류학으로 분석하고 계십니다. 이와 관련해 중심 생각을 간단히 설명해 주시겠습니까?

마르크스 인간은 생계를 위해 사회적으로 생산 활동을 하면서 자신의 의지와 상관없이 필요한 사회적 관계를 맺습니다. 이 같은 생산관계는 물질적인 생산력이 어느 정도 발달할 때 나타납니다. 그리고 이 같은 모든 생산관계가 사회의 경제 구조를 이룹니다. 사회의 경제 구조는 법률과 정치 같은 상부구조의 구체적인 토대이며 다양한 사회의식이 정해지는 곳입니다. 물질적인 삶에서 이루어지는 생산방식이 일반적으로 사회·정치·지성과 관계된 삶의 과정을 결정해 갑니다.[227]

뤼즈 이 같은 입장에서 인간은 교양 있는 존재로 나타납니다. 이 역사적인 미래에 나타날 모순에 대해 어떤 입장이십니까?

마르크스 사회의 물질적인 생산력이 어느 정도 발전하게 되면 기존의 생산관계가 모순을 드러내며 대립이 발생합니다. 법적으로 표현하면 이제까지 발전해 온 소유 관계에 대립이 생기게 된 것이죠. 생산력에 변화가 생기면서 기존의 소유 관계가 구속으로 작용하게 되는 것입니다. 여기서부터 사회 혁명의 싹이 틉니다. 경제의 하부구조가 바뀌면서 상부구조도 빠르게 완전히 달라지게 되는 현상이 일어나는 것입니다.[228]

뤼즈 이 같은 실질적인 변화가 인간에게 어떤 결과를 가져옵니까?

마르크스 이 같은 변화를 생각할 때 기억해야 하는 점이 있습니다. 경제적 생산 조건이 물질적으로 변화하는 현상(과학적으로 정확히 확인할 수 있는 현상)을 법적, 정치적, 종교적, 예술적, 철학적 형태와 구분해야 하는 것입니다. 후자는 인간이 투쟁에 눈을 뜨고 끝까지 해보려는 이데올로기 형태로 나타납니다. 개인을 겉모습으로만 갖고 판단할 수 없는 것처럼 변화가 필요한 시기를 자의적인 생각으로만 판단할 수는 없습니다. 반대로, 이처럼 변화의 의식이 나타나는 이유는 물질적인 생활이 모순을 보이고 사회의 생산력과 생산 관계가 충돌해서라고 보고 이를 바탕으로 설명해야 합니다.[229]

뤼즈 인간의 역사에 나타나는 첫번째 특징은 무엇입니까?

마르크스 우리는 모든 인간의 실존의 첫 번째 조건, 모든 역사의 첫 번째 전제를 확인해야 합니다. 인간이 "역사를 만들기" 위해서는 인간이 살아갈 수 있어야만 한다는 것이 첫 번째 전제입니다. 하지만 살아가려면 우선 의식주를 충족해야 하고 그 외에 다른 여러 가지가 필요합니다. 역사가 출발하는 첫째 조건은 이 같은 욕구를 충족시켜주는 수단을 생산하는 것입니다. 즉, 물질적인 삶 자체를 만들어간다는 역사적 사실입니다. 그리고 이는 수 천 년 전이나 지금이나 인간이 단순히 삶을 유지하기 위해 매일, 매 시간마다 충족시켜야 하는 모든 역사의 기본 조건입니다.[230]

뤼즈 원래 자연과 사회 관계는 서로 연결되어 있습니다.

마르크스 노동을 통한 자신의 생명 생산, 생식을 통한 다른 생명의 생산, 이 두 가지를 포함한 생명의 생산은 이제 이중적 관계처럼 나타납니다. 한 편으로는 자연적 관계로 나타나고 또한 편으로는 사회적 관계로 나타납니다. 여기서 '사회적'이라는 의미는 생산이 어떠한 조건, 방법과 목적으로 이루어지든지 개인들의 협업으로 이루어진다는 것을 뜻합니다.[231]

뤼즈 삶의 조건을 유물론적으로 분석하는 것은 어떤 의미에서 중요한 출발점이 됩니까?

마르크스 확인해야 할 첫 번째 사실은 인간의 신체 조직, 그로 인해 발생하게 되는 여타 자연과의 관계입니다. [⋯] 이로 인해 인간은 일차적으로 동물과 구분되게 됩니다. 뿐만 아니라 이로 인해 오늘날까지도 인간이 차후 이룰 발전 혹은 이루지 못할 발전도 결정되게 됩니다. 모든 역사는 이러한 자연적인 토대, 그리고 역사 진행의 과정에서 인간의 활동에 의해 이러한 토대가 변화된다는 사실로부터 출발해야 합니다.[232]

《 상황이 인간을 만들고 인간이 상황을 만듭니다. 》

뤼즈 그러니까 더 이상 한 방면으로 철학자, 역사가, 경제학자이어서는 안 되고 오히려 현실을 명확히 이해시켜주는 모든 학문을 활용해야겠군요. 이처럼 이론적인 탐구 분야를 다시 정의내리는 것에 대해 어떻게 보십니까?

마르크스 유물론적 역사관은 여러 단계의 시민사회를 전체 역사의 토대로 파악합니다. 다시 말해, 이 같은 역사관은 국가를 시민사회의 활동으로 나타내고, 또한 의식, 종교, 철학, 도덕 등의 다양한 이론적 산물과 형태들이 어떻게 시민사회로부터 생겨났는지를 설명하고 이 같은 산물들을 기초로 하여 시민사회의 유래를 추적합니다. 이렇게 하면 당연히 모든 문제는 총체성 속에서 설명될 수 있습니다(그리고 다양한 상황이 상호작용하는 것도 면밀히 살필 수 있습니다).[233]

뤼즈 이 같은 인과 관계의 변증법적인 특징에 대해 어떻게 설명하시겠습니까?

마르크스 상황이 인간을 만들고 인간이 상황을 만듭니다.[234]

뤼즈 왜 이 같은 개념이 역사에 중요합니까?

마르크스 지금까지 모든 역사적인 개념은 역사에서 실제로 일어난 현실을 기반으로 하지 않은 추상적인 개념에 지나지 않습니다. 즉 역사적인 흐름과는 전혀 관계가 없는 것입니다. 그 결과 역사는 언제나 현실과 동떨어진 기준을 통해 기록되어 왔습니다. 역사를 만드는 것은 실질적인 삶입니다. 하지만 추상적인 역사 개념은 일상생활과 동떨어져 마치 이 세상의 것이 아닌 것처럼 보입니다. 인간과 자연의 관계가 역사에서 다뤄지지 않게 되면 자연과 역사 사이에 대립이 발생합니다.[235]

뤼즈 희극이 아니라 비극처럼 일어난 역사는 반복되지 않는다고 말씀하셨는데, 이에 대해 설명해주시겠습니까?

마르크스 인간은 자신만의 역사를 만들어갑니다. 하지만 스스로 선택한 환경 속에서 자신이 원하는 대로 역사를 만들어가는 것이 아니라 이미 주어진 환경, 과거로부터 물려받은 환경 속에서 역사를 만들어 갑니다. 죽은 세대의 전통은 현재 살아있는 사람들의 정신을 무겁게 짓누릅니다. 살아있는 사람들이 스스로 변하고 상황을 변화시키려 노력하고 완전히 새로운 것을 만들려고 노력한다 하더라도, 막상 혁명이 일어난 위기의 상황에서는 과거의 정신을 조심스럽게 언급하며 과거의 이름, 슬로건, 풍습을 활용해 역사의 새로운 무대에 등장합니다. 겉으로는 새로운 시대를 외치지만 그 이면에는 과거의 정신을 간직하고 있습니다.[236]

뤼즈 예를 들자면요?

마르크스 루터는 사도 바울을 답습했을 뿐이었고, 1789년에서 1814년까지 일어난 혁명은 로마공화국, 로마제국으로 이어지는 과정을 충실히 따랐으며, 1848년의 혁명은 1789년 프랑스 혁명 혹은 1793년에서 1795년까지의 혁명 과정을 패러디한 것에 지나지 않았습니다.[237]

뤼즈 역사에서는 어떤 모순이 중요한 역할을 합니까?

마르크스 역사 속의 모든 투쟁은 생산력과 교환 방식이 모순을 보일 때마다 일어났습니다. 하지만 한 나라에서 투쟁이 실질적으로 발생하는 것은 이러한 모순이 한계점에 도달해서가 아닙니다. 오히려 국제 무역이 확대되고 산업이 앞선 나라들과 경쟁을 하게 되면서 산업이 덜 발달한 나라에서도 생산력과 교환 방식 사이에 모순이 발생하게 됩니다. 그리고 이것이 투쟁으로 이어집니다(예를 들어 독일이 영국과 산업 부문에서 경쟁을 하면서 독일의 프롤레타리아 계급이 그동안 갖고 있던 불만을 표출하게 됩니다).[238]

뤼즈 이 같은 모순이 혁명으로 이어지는 것입니까?

마르크스 지금까지 역사 속에서 생산력과 교환 방식 사이의 모순은 수도 없이 나타났습니다. 그러나 이 같은 모순이 심해져 기본 구조가 흔들리고 혁명으로 이어지기까지는 그 사이에 동시다발적으로 다양한 갈등이 터질 때입니다. 예를 들어 총체적인 갈등, 계급의 충돌, 의식의 모순, 이데올로기 투쟁, 정치 투쟁이 한꺼번에 터지는 것이죠.[239]

뤼즈 삶의 조건을 유물론적으로 분석하면 의식적이든 무의식적이든 인간의 표현이 형성되는 과정을 어느 정도로 이해할 수 있게 됩니까?

마르크스 사상, 표현, 의식이 형성되는 것은 인간의 물질적인 활동과 물질적 교류와 직접적으로 긴밀하게 연결되어 있습니다. 사상, 표현, 의식은 실제 삶을 통해 만들어지는 언어입니다. 인간의 표현, 사유, 사상의 교류는 인간의 물질적인 행동에서 직접 나옵니다. 사상이 형성되는 것 역시 마찬가지입니다. 사상은 정치 언어, 법률 언어, 도덕 언어, 종교 언어, 형이상학 언어, 그리고 민중 전체의 언어로 표현됩니다. 표현과 생각 등을 만들어내는 것은 바로 인간입니다. 행동하는 실제 살아 있는 인간은 생산력과 이와 관련된 모든 범위의 관계가 발전하면서 같이 발전해 갑니다.[240]

《 시대마다 지배계급의 사상이 주류 사상이 됩니다. 》

뤼즈 이데올로기가 실제의 인과 관계를 뒤엎게 되는 계기는 무엇입니까?

마르크스 모든 이데올로기는 피사체를 거꾸로 비추는 초창기의 카메라처럼 인간과 인간의 관계를 거꾸로 바라봅니다. 눈의 망막에 상이 거꾸로 맺히는 것은 신체에서 일어나는 과정이듯, 인간과 인간의 관계를 기존과 완전히 다른 관점으로 보는 것은 역사적인 과정에서 일어납니다.[241]

뤼즈 주류 이데올로기는 이러한 과정을 나타냅니까?

마르크스 시대마다 지배계급의 사상이 주류 사상이 됩니다. 즉 사회에서 막강한 물질적인 힘을 쥐고 있는 계급이 정신적인 영향력도 쥐고 있습니다. 물질을 생산하는 수단을 갖고 있는 계급은 정신을 만들어내는 수단도 갖고 있습니다. 그래서 정

신을 만들어내는 수단을 갖지 못하는 계급은 지배계급의 생각을 따르게 됩니다.[242]

뤼즈 그럼에도 불구하고 의식은 비판적인 힘, 나아가 혁명적인 힘을 가질 수 있지 않습니까?

마르크스 유물론은 인간은 환경과 교육의 산물이기에 환경과 교육이 달라지면 인간도 변한다고 봅니다. 그러나 유물론이 간과하는 것이 있습니다. 인간이 상황을 능동적으로 변화시키기도 하고 교육자도 교육을 받고 싶어할 때가 있다는 사실입니다.[243]

뤼즈 그렇기 때문에 철학이 지닌 비판적인 역할은 새로운 방향을 만들어가지 않습니까?

마르크스 지금까지 철학자들은 서로 다른 시각으로 세상을 해석하는 것에 그쳤을 뿐입니다. 그러나 중요한 것은 세상을 변화시키는 일입니다.[244]

뤼즈 피지배 계급의 시각을 생각하면 좀 더 쉽게 비판적인 판단력을 갖게 된다고 하셨는데, 그래서 철학을 참고하는 것이 중요합니까?

마르크스 인간이 가지고 있는 타고난 친절함, 인간 누구나 갖고 있는 지적인 능력 · 경험 · 습관 · 교육 · 외부 환경이 인간에게 끼치는 막강한 영향력, 산업의 중요성과 소유의 합법성을 유물론적인 이론으로 연구하다 보면 아주 총명한 사람이 아니더라도 피지배 계급의 시각이 공산주의 · 사회주의와 자연스럽게 긴밀한 관계가 있다는 사실을 알게 됩니다. 인간이 감각적 세계, 그리고 감각적 세계에서 쌓은 경험으로부터 모든 지식과 감각 등을 이끌어 낼 때 경험에 바탕을 둔 세상을 이루게 됩니다. 그래서 인간은 이러한 세상에서 경험을 하고 진정으로 인간적인 것에 익숙해져가고 인간의 자질을 경험하게 됩니다.[245]

뤼즈 어떻게 해서 유물론적 인본주의가 인간이 성취하는 조건을 다시 만들어가는 것입니까?

마르크스 모든 도덕의 원칙을 제대로 이해하면 인간의 사적인 이익을 인간 전체의 이익과 함께 바라보게 됩니다. 만일 인간이 유물론적 의미에서 자유롭지 않으면, 즉 인간이 이런 저런 상황을 피할 수 있는 부정적인 힘이 아니라 진정한 개성을 강조할 수 있는 긍정적인 힘에 의해 자유롭다면, 개인의 범죄에 대해 벌을 주는 것이 아니라 범죄를 일으키는 반사회적인 근원을 제거하고 자신의 존재를 본질적으로 표현하는데 필요한 사회적 공간을 개개인에게 주어야 합니다. 만일 인간이 상황에 의해 만들어진다면 인간적으로 상황을 만들어야 합니다. 만일 인간이 태어나면서부터 사회적이라면 진정한 본성은 사회 속에서만 키워갈 것입니다. 그리고 인간 본성의 힘은 개인 단독의 힘이 아니라 사회의 힘에서 평가해

봐야 합니다.[246]

뤼즈 주류의 이데올로기에 힘을 실어주는 가벼운 도덕주의에 대해 냉소적이실 때가 많습니다. 외젠 쉬*의 소설 『파리의 미스테리』의 주인공 로돌프는 가벼운 도덕주의를 상징하는 인물입니까?

마르크스 로돌프는 하인 관계를 엄숙한 비판으로까지는 승화하지 않으려고 합니다. 어린 왕자에 불과했던 로돌프는 하인들을 보호합니다. 하지만 로돌프는 현재 사회에서 여성이 처한 보편적인 처지가 비인간적이라는 것도 잘 이해하지 못합니다.[247]

뤼즈 이 같은 관점에 대해 로돌프는 푸리에**가 극렬하게 비판한 것과는 대조를 이룹니다.

마르크스 예를 들어, 로돌프의 생각과 푸리에의 생각을 비교만 해도 됩니다. "역사적으로 한 시대의 변화는 여성이 어느 정도로 해방되었느냐에 달려있다. 여성과 남성의 관계에서, 약자와 강자의 관계에서 여성과 약자가 승리를 거둘 경우 인간성이 난폭한 본성을 누르고 승리를 했다는 것을 분명히 보여주기 때문이다. 여성의 해방은 인류 전체의 해방을 측정하는

• Eugène Sue(1804. 12. 10~1857. 8. 3). 프랑스 소설가로서 주로 도시 생활의 비참함을 그려내었다.

•• Charles Fourier(1772~1837). 프랑스의 공상적 사회주의자. 자유롭고 합리적인 것이라 생각되었던 시민사회가 프랑스 혁명이 실현되자마자 여러 가지 모순을 드러내자, 이것이 근로자에게는 부자유스럽고 불합리한 것이라고 판단하여 자기의 생활 체험을 토대로 자본주의 사회의 각종 모순, 특히 상업이 갖는 허위를 통렬히 비판하면서 그 대안으로 공산주의적 생산협동체의 설립을 제안했다.

자연스러운 척도가 된다. 여성이 천대받는 상황은 문명과 야만의 본질적인 특성이다. 다만 한 가지 차이가 있다면 야만적인 사회에서는 악덕 하나하나가 단순하게 행해지지만 문명 사회 속에서는 악덕 하나하나가 모호하고 은밀하고 위선적인 방식으로 교묘하게 행해진다. 〔…〕 여성을 노예상태로 만들어 놓음으로써 가장 심한 응징을 받은 것은 남성이다."
(푸리에, 『네 가지 운동과 일반적 운명에 대한 이론*Théorie des quatre mouvements et des destinées générales*』, 1808).[248]

《 여성은 굴종적이고 순종적인 존재로 살아가지만 남성은 주체적으로 살아가는 동안, 상황은 계속 안 좋아집니다. 》

뤼즈 좀 더 근본적으로 보면 자본주의 착취로 인해 인간이 충분한 성취를 이루지 못하게 되고, 이런 문제가 다루어지지 않기 때문에 여성의 지위 문제 역시 제대로 안 다루어지는 것이 아닐까요?

마르크스 여성은 집단적 쾌락에서 먹잇감이자 도구로 이용되지만 남성은 이러한 불평등한 상황을 자신에게 유리하게 이용하는 이기적인 면을 보입니다. 이처럼 남녀 사이의 불평등은 심화됩니다. 남녀관계는 인간이 어느 정도 인간으로 대우를 받느냐를 나타내는 기준이 되기도 합니다. 인간관계의 축소판이 바로 남녀관계이기 때문입니다. 남녀관계는 곧 인간관계를 상징한다고 볼 수 있습니다. 또한 인간과 자연의 관계도 인간과 인간의 관계를 보여주는 기준입니다. 인간과 자연

의 관계도 인간관계를 상징하죠.[249]

뤼즈 올랭프 드 구주[*]는 프랑스 혁명 기간에 여성 시민의 해방이야
말로 세계가 서둘러 이루어야 할 일로 보았고 선생님도 이와 뜻
을 같이 하고 계십니다. 아울러 남녀관계를 보면 그 사회가 어떤
사회인지 판단할 수 있다고 한 푸리에와도 뜻을 같이 하고 계십
니다.

마르크스 남녀관계를 통해 인간의 문화 수준을 전체적으로 판단
할 수 있습니다. 인간이 유적類的 존재인지를 알아보려면 남
녀관계가 어떤지를 보면 됩니다. 남녀관계는 인간과 인류의
관계를 가장 잘 보여주는 지표입니다. 인간이 얼마나 인간답
게 살아가고 인간적인 본성을 보여주는지에 따라 인간과 인
류의 관계가 제대로 나타납니다.[250]

뤼즈 유물론 철학에서 피지배 계급의 참여에 이르기까지 어느 정도
의 결과는 이루어졌습니다. 철학을 비판적인 입장에서 계속 새롭
게 이어가려면 어떤 일을 해야 합니까?

마르크스 사유재산, 부에 대한 갈망, 노동, 자본, 소유의 분리,
교환, 경쟁, 가치, 인간 경시, 독점, 경쟁의 분리를 이어주는
본질적인 연결 고리를 이해해야 합니다. 즉 모든 소외와 돈
의 시스템이 어떤 관계가 있는지를 이해해야 합니다.[251]

• Olympe de Gouges(1748~1793). 프랑스의 페미니즘 사상가, 희곡작가이자 저술가로
「여성과 여성 시민의 권리 선언」을 발표했다.

뤼즈 철학은 자본주의 착취를 연구하며 매우 비판적인 입장을 보입니다. 19세기에는 소외된 노동을 통해 사회 문제가 나타났습니다. 소외라는 개념이 선생님의 철학에서 어떻게 해서 그렇게 중요한 의미가 되었는지 궁금합니다.

마르크스 프롤레타리아 계급과 부는 상반됩니다. 그러니까 프롤레타리아 계급과 부가 만나 전체를 이룹니다. 프롤레타리아 계급과 부는 사유재산의 세상을 형성합니다. 문제는 프롤레

:: 〈19세기 영국의 탄광 모습〉 19세기의 동판화

타리아 계급과 부가 각자 이 모순 속에서 어떤 자리를 차지하고 있는지를 밝혀내는 일입니다. 프롤레타리아 계급과 부는 전체를 이루는 두 가지 요소이지 이 두 가지만으로 모든 것을 판단하기에는 부족합니다. 사유재산은 사유재산과 부로써 계속 존재할 수밖에 없습니다. 반대 개념인 프롤레타리아 계급 역시 마찬가지입니다. 자기만족을 채울 수 있는 사유재산은 모순의 긍정적인 면입니다. 반대로, 프롤레타리아

계급은 프롤레타리아 계급에서 스스로 벗어나 속박 같은 모순을 무너뜨려야 더 나은 상황으로 갈 수 있습니다. 여기서 말하는 속박 같은 모순이란 프롤레타리아 계급을 계속 프롤레타리아 계급으로만 남아있게 하는 것으로 바로 이 '사유재산'입니다. 이는 모순의 부정적인 면이고 모순 중에서도 우려되는 점입니다. 사유재산이 붕괴되어야만 해결될 수 있는 문제입니다.[252]

뤼즈 소외는 사회 전체의 모순을 보여주는 지표가 됩니까?

마르크스 소유한 계급과 프롤레타리아 계급은 모두 똑같이 인간의 소외를 보여줍니다. 하지만 똑같이 소외된 입장이라도 소유한 계급은 안락함을 느낍니다. 소유한 계급은 자신감이 있고 자신의 힘을 누리기 때문입니다. 반대로 프롤레타리아 계급은 소외된 입장 속에서 박탈감을 느낍니다. 프롤레타리아 계급은 자신의 무능함과 비인간적인 삶이 어떤지 그 현실을 알게 됩니다. 헤겔의 표현을 빌리자면, 프롤레타리아 계급은 노예 같은 처지이고 이 같은 상태에 반항하여 인간으로서의 삶과 현재 삶의 처지 사이에 생기는 모순에 대해 분개합니다. 프롤레타리아 계급의 삶은 인간으로서의 삶에 어긋나는 일이기 때문입니다. 이 같은 모순 속에서 사유재산은 지켜야 할 보수적인 면이 되고 프롤레타리아는 기존의 틀을 부수려는 파괴적인 입장이 됩니다. 사유재산은 모순을 유지하려는 행동을 보이고 프롤레타리아 계급은 모순을 없애려는 행동

을 보입니다.[253]

**뤼즈 인간 중심의 철학자로서 경제학이 노동조건을 바라보는 방식
에 대해 처음에 어떻게 생각하셨습니까?**

마르크스 경제학은 프롤레타리아를 노동자로서만 바라봅니다.
즉 자본이나 부동산 없이 오로지 일방적이고 추상적인 노동
으로서 살아가는 사람으로 생각합니다. 따라서 경제학은 프
롤레타리아가 계속 일할 수 있기 위해서는 어느 정도 돈을
벌어야 한다는 원칙을 세웁니다. 경제학은 일하지 않는 프롤
레타리아를 인간으로 보지 않고 형사재판, 의사, 종교, 통계
지표, 정치, 거지를 관리하는 담당자가 맡아야 하는 대상으
로 봅니다.[254]

**뤼즈 소외된 노동에 대한 분석과 관련하여 선생님의 철학은 획기적
인 것으로 평가받고 있습니다. 어떻게 해서 이 같은 논리를 갖게
되셨는지 간단히 설명해주십시오.**

마르크스 경제학 용어를 사용해 경제학에서 출발해보면, 노동자
는 상품, 그중에서도 가장 하찮은 상품으로 전락합니다. 노
동자의 처지가 비참하게 된 이유는 힘과 막대한 생산수단을
가지지 못했기 때문이고 결국 자본은 경쟁을 통해 소수에게
집중되어 다시금 독점 체제가 구축되었기 때문이라는 사실
을 알 수 있습니다. 즉 자본가와 부동산 소유자 사이의 구별,
그리고 농부와 공장 노동자 사이의 구별이 사라지고 사회 전

체가 소유자와 소유하지 못한 노동자, 이렇게 두 계급으로만 나눠지게 됩니다.[255]

뤼즈 경제학이 객관적인 비판성이 부족해 현재의 상황을 제대로 설명하지 못한다고 비판하셨죠?

마르크스 경제학은 사유재산에서 출발하지만 사유재산에 대해 제대로 설명해주지는 않습니다. 그보다 경제학은 실제로 사유재산이 보여주는 물질적인 과정을 대략적이고 추상적으로 파악해 이를 법칙으로 생각합니다. 하지만 경제학은 이 법칙들이 어떻게 해서 사유재산의 본질에서 나오는 것인지를 보여주지 못하기 때문에 법칙들을 제대로 이해하지 못한다고 할 수 있습니다. 그렇기 때문에 경제학은 노동과 자본이 분리된 이유, 자본과 토지가 분리된 이유에 대해 전혀 설명하지 못합니다. 예를 들어 경제학은 자본에게 이익이 되는 임금 비율을 결정할 때 자본가의 이익만이 근거가 됩니다. 즉 경제학은 자본이 늘어나야 임금도 오른다는 논리를 펼칩니다. 마찬가지로 여기저기에 경쟁이 개입합니다. 경제학은 경쟁을 외부 상황으로 설명합니다. 겉보기에는 우연인 것처럼 보이는 외부 상황도 사실은 하나의 과정일 뿐인데 경제학은 이에 대해 알려주지를 않습니다. 교역 자체가 어떻게 우연한 사건처럼 보이는지에 대해서는 이미 확인했습니다. 경제학이 내세우는 이유는 부에 대한 갈망, 갈망 사이의 전쟁, 경쟁뿐입니다.[256]

뤼즈 간략하게 보자면 노동자가 종속되는 이유는 착취를 당하면서 자기 자신을 잃기 때문입니다. 이와 관련해 우리 사회에서 발견할 수 있는 특징은 무엇입니까?

마르크스 현재의 경제 상황부터 살펴봅시다. 노동자는 부를 생산하고 이렇게 생산된 부는 양적으로 성장하지만 노동자는 더 가난해질 뿐입니다. 노동자는 하찮은 상품에 지나지 않습니다. 여기에 노동자는 더 많은 상품을 만들어내야 하는 더욱 비참한 처지에 처하게 됩니다. 물질세계가 과대평가 되면서 인간세계가 더욱 평가절하 됩니다. 노동으로 상품만 생산될 뿐입니다. 노동은 스스로 생산하고 노동자를 상품으로 만듭니다. 그래서 노동은 전반적으로 상품을 생산하는 시스템이 되었습니다.[257]

뤼즈 이 같은 상황을 어떻게 해석할 수 있습니까?

마르크스 이 같은 상황을 설명할 수 있는 논리는 이것뿐입니다. 노동이 만드는 상품은 낯선 존재로, 생산자가 통제할 수 없는 힘이 되어 노동자와 대립한다는 것입니다. 노동의 산물은 추상적인 노동의 구체적인 결과물입니다. 즉 노동은 노동의 대상으로 변합니다. 노동이 대상으로 전락했다는 것이 지금의 노동 현실입니다. 경제 활동 단계에서 노동자는 자신의 현실을 생각해 볼 틈도 없이 노동에 오히려 종속되고 점차 소외되어 갑니다. 노동자는 굶어 죽을 때까지도 자신이 노동에 종속되어 있다는 현실을 망각한 채 있습니다. 이것이 노

동의 현실입니다.[258]

뤼즈 생산물이 낯설게 느껴지는 것이 소외의 시작인 것 같습니다.

마르크스 노동자는 노동으로 만들어낸 결과물을 낯선 대상처럼 여기게 됩니다. 여기에는 분명한 이유가 있습니다. 노동자가 노동 속에서 외화될수록 노동자가 만들어내는 세상은 더욱 낯설게 다가옵니다. 노동자가 가난하고 내면도 피폐해질수록 가진 것이 별로 없어집니다. 종교 역시 마찬가지입니다. 인간이 모든 것을 신에게 바칠수록 정작 인간은 갖는 것이 없어지게 됩니다. 노동자 역시 노동에 평생을 바칩니다. 하지만 노동자가 노동을 통해 무엇인가를 얻기보다는 오히려 노동에 종속됩니다.[259]

뤼즈 이러한 소외의 근본적인 특징은 무엇입니까?

마르크스 소외는 단순히 결과로만 나타나는 것이 아니라 생산 활동 자체 내에서 이루어지는 생산 행동에서도 나타납니다. 노동자가 생산 활동에서 소외되었기 때문에 자신의 노동으로 얻어낸 결과물이 낯설게 느껴지는 것 아니겠습니까? 실제로 생산물은 활동 곧 생산의 축소판에 지나지 않습니다. 노동의 결과물이 소외라면 생산 자체도 소외여야 하고 노동 활동도 소외여야 논리적으로 맞습니다. 노동 대상의 소외는 노동 활동 자체에서 일어나는 소외와 착취의 축소판일 뿐입니다.[260]

뤼즈 결국 노동의 소외가 이루어진다고 할 수 있겠군요. 노동의 소외는 구체적으로 어떤 것입니까?

마르크스 우선, 노동이 노동자와 하나가 되지 못합니다. 즉 노동자에게 노동이 낯선 대상이 됩니다. 따라서 노동자는 노동을 하면서 오히려 자신이 없어지고 편안함을 느끼지 못합니다. 대신 노동자는 노동을 하면서 불행해하며 육체와 지적 활동을 마음껏 펼치지 못합니다. 노동을 할수록 노동자는 몸과 마음이 피폐해집니다. 그 결과 노동자는 노동을 하지 않을 때에만 온전한 자신으로 돌아온 것 같다는 생각을 갖습니다. 오히려 노동을 하면 자기 자신이 아닌 것 같은 느낌을 받는 것이라 할 수 있습니다. 한마디로 일을 하지 않으면 집에 있는 것처럼 편안함을 느끼지만, 일을 하면 집에 있는 것 같지 않고 불편하다는 의미입니다. 노동자가 일을 자발적으로 하는 것이 아니라 억지로 하게 되니 이것은 강제 노동이나 다름없습니다. 이런 상황에서 노동자는 노동 자체에서 만족을 느끼지 않고 오히려 다른 곳에서 만족감을 얻게 됩니다. 그리하여 이를 충족하기 위해 노동을 수단으로써만 이용할 뿐입니다.[261]

뤼즈 그래서 노동을 거부하는 것이군요…

마르크스 노동이 낯설게 느껴지다 보니 노동을 흑사병처럼 기피하게 됩니다. 꼭 해야 하는 노동이 아니라면 가능한 노동을 하고 싶어 하지 않는 것입니다. 인간이 일을 하면서 자신을 희생하고 피폐해지다보면 노동을 낯선 대상으로 느끼고 노동 속에서 소외감을 느낍니다. 마찬가지로 노동자가 자신을 위한 일이 아니라 다른 사람을 위한 일을 한다고 생각하면 노동자는 노동을 자신의 것이 아닌 남의 것으로 느끼게 되면서 노동을 낯설게 생각하게 됩니다.[262]

뤼즈 안타까운 현실입니다. 이런 삶 속에서 자유가 들어갈 자리가 있을까요?

마르크스 이러한 삶을 살다보면 인간(노동자)은 먹고, 마시고, 아이를 낳고, 고작 집에서 빈둥거리기나 하고 치장하는 등 동물적인 활동에서만 자유를 느끼게 되며 정작 인간의 활동 속에서는 자신을 동물처럼 느끼게 됩니다. 동물적인 것이 인간적인 것이 되고 인간적인 것이 동물적인 것이 되는 현상이 일어납니다. 먹고 마시고 아이를 낳는 것은 물론 인간도 자연히 하게 되는 활동이긴 하지만 이것 자체가 인간이 추구하는 바는 아닙니다. 이러한 일차적인 욕구만이 목적이 된다면 동물적이라 할 수 있습니다.[263]

뤼즈 소외라는 개념은 현재 확실하게 정의되어 있습니까?

마르크스 노동자가 노동에서 소외되는 또 다른 이유가 있습니다. 인간은 함께 어울려 살아가는 존재입니다. 실제로도 그렇고 이론적으로도 그렇고 인간은 단독으로도 살아가지만 현재 살고 있는 다른 사람들과도 어울립니다. 인간은 개인적인 자신도 있지만 인간이라는 범주에 속하기 때문입니다. 인간 역시 동물과 마찬가지로 같은 종인 다른 인간들과 그룹을 이루며 더불어 살아가는데 이는 인간 역시 동물과 마찬가지로 자연과 더불어 살아가는 존재라는 사실을 보여줍니다. 인간이 동물과도 어우러져 살게 되면 인간이 살 수 있는 자연 공간 역시 넓어집니다. 〔…〕 하지만 인간이 노동에서 소외감을 느끼게 된다면 인간은 자연뿐만 아니라 자신이 하는 활동에도 소외감을 느끼게 됩니다. 노동이 인간에게 낯설게 느껴지는 것이죠.[264]

뤼즈 인간의 활동은 자연과의 교감으로 이루어진다는 말씀이시군요. 환경을 존중하면서 동시에 노동자도 존중해야 한다는 자연주의적 입장을 보이시는데요, 이에 대해 자세히 설명해 주시겠습니까?

마르크스 인간은 보편적으로 자연과 더불어 살아가는 존재입니다. 인간에게 자연은 생존수단이자 생존활동의 도구로 매우 중요한 의미입니다. 자연은 인체 자체는 아니지만 인간이 살아가는데 필요한 제2의 몸이라 할 수 있습니다. 인간이 자연과 더불어 살아간다는 것은 자연을 자신의 몸처럼 아껴서 언제나 소중히 가꾸는 일입니다. 인간의 육체 및 정신 활동은 자연과는 떼어 내려고 해도 뗄 수 없는 관계로 인간은 자연의 일부이기 때문에 자연과 분리될 수 없다는 뜻입니다.[265]

뤼즈 간단히 말해 인간은 소외가 되면 인간성을 잃게 되는 것이군요. 경제학은 어떻게 이런 과정에 대해서 그저 침묵만 할 수 있

는 것입니까?

마르크스 노동자가 노동에서 소외되는 과정에 대해 다음과 같은 경제원리로 설명할 수 있습니다. 노동자가 생산할수록 노동자는 소비할 것이 없고 노동자가 가치를 만들어낼수록 노동자의 가치와 존엄성은 떨어집니다. 노동자가 만든 생산물이 형태를 가질수록 노동자는 자신의 고유한 형태를 잃어갑니다. 노동이 문명화될수록 노동자는 야만적인 처지에 놓이고 노동이 강해질수록 노동자는 무능해지며 노동이 정신을 갖춰갈수록 노동자는 정신을 잃고 본성의 노예가 됩니다. 하지만 경제학은 노동의 본질 속에 소외가 있다는 사실을 숨깁니다. 이를 위해 경제학은 노동자가 아무리 생산을 해도 직접적인 혜택이 없다는 현실을 밝히지 않습니다. 솔직히 말해, 노동은 부유층에게는 최고의 것을 만들어내는 역할을 하지만 정작 노동을 하는 노동자는 궁핍한 생활을 할 뿐입니다. 노동은 부유층을 위한 궁전을 만들어내는 역할을 하지만 노동자는 낡은 집에서 살 뿐이며 노동은 부유층을 위해 아름다운 것을 만들어내는 역할을 하지만 노동자는 과로 탓에 피곤한 얼굴만 갖게 될 뿐입니다. 노동이 기계로 이루어지면서 일부 노동자들은 해고되는 비참한 상황에 놓이게 되고 남아 있는 나머지 노동자들도 기계의 부품으로 전락하고 맙니다. 노동은 지적 재산을 만드는 역할을 하지만 정작 노동자는 일에 시달려 무기력해지고 아무런 생각도 하지 않아 우둔해집니다.[266]

뤼즈 경제적인 빈곤이야말로 진정한 인간의 비극이죠.

마르크스 굶어 죽어가는 인간에게 인간다운 형태의 음식은 존재하지 않습니다. 배를 채우는 음식으로서 추상적인 존재만 있을 뿐입니다. 한 마디로 음식은 가장 비천한 형태를 띠게 됩니다. 동물의 먹는 행위와 어떤 점에서 다른지 모르겠습니다. 기본적인 것에만 연연하는 사람은 원대한 것을 추구하지 못합니다. 광물 거래를 하는 사람은 광물 파는 일에만 관심이 있을 뿐 광물이 지닌 아름다움이나 특징은 보지 못합니다. 즉 광물학자와 같은 감각은 갖지 못하는 것입니다. 따라서 인간의 본질에 대해 이론적이면서도 실질적으로 제대로 이해해야 인간이 인간다운 감각을 갖게 되어 인간과 자연의 풍부한 본질을 창출하게 됩니다.[267]

뤼즈 실제로 이 같은 분석은 말씀하신 대상과 주체 사이의 관계와 통하는 개념입니다. 인간이 인간다워지려면 삶을 풍부하게 해주는 것을 경험해야 합니다. 교양이란 인간성을 이해하는 본질과 연결되어 있습니다. 예술에 대한 감각에는 어떤 결과를 미칩니까?

마르크스 주관적으로 보면 우선 음악은 인간의 음감을 깨워줍니다. 그래서 음악가가 아닌 사람의 귀에는 제아무리 음악이 아름다워도 아무 의미가 없습니다. 이런 사람에게 음악은 그저 소리일 뿐입니다. 무엇이든 자신에게 직접 와 닿아야 의미를 주게 되는 법입니다. 사회적인 인간의 감각과 사회적이지 않은 인간의 감각이 다른 이유는 이렇습니다. 사람들과의 교류를 통해 인간의 본질을 풍부하게 이해할수록 주관적인 감각 역시 발전하므로 음악가의 귀와 아름다운 형태를 볼 줄 아는 눈을 갖게 되기 때문입니다. 한마디로 인간으로서 느끼는 감각을 갖게 되고 인간의 본질적인 힘을 이해하는 감각을 갖게 됩니다. 오감뿐만 아니라 일명 정신적인 감각과 실질적인 감각(의지, 사랑 등), 한마디로 인간적인 감각은 대상이 존재하면서 인간적인 본질을 갖게 될 때 만들어집니다. 오감은 과거 역사의 산물로 형성된 것입니다.[268]

《 종교는 인민의 아편입니다. 》

뤼즈 그러니까 착취당하는 사람은 물질적으로도 곤궁하고 정신적으로도 피폐하다 할 수 있겠습니다. 이러한 상황에서 종교가 사람들을 위로하는 역할을 하며 막대한 영향력을 갖게 된다고 비판하셨는데요, 좀 더 자세히 말씀해 주시겠습니까?

마르크스 무신론자의 비판은 기본적으로 이렇습니다. '인간이 종교를 만든 것이지 종교가 인간을 만들지 않았다'. 즉 종교란 아직 온전한 자신이 되지 못하거나 자기 자신을 잃어버린 인간이 의식과 감정을 동원해 만들어낸 것입니다. 하지만 인간은 세상 밖에 동떨어진 추상적인 존재가 아닙니다. 인간은 인간·정부·사회를 이루는 세상의 구체적인 일원입니다. 그런데 문제는 정부와 사회 자체가 왜곡이 되면 세상을 왜곡되게 바라보게 하는 정신을 만들어내는데, 이것이 바로 종교입니다. 종교는 왜곡된 세상을 반영하는 이론이지만 해박함으로 무장하고 민중의 편에 선 듯한 모습을 보이고 고결한 정신인 것처럼 포장되며 사람들에게 열정을 불어넣습니다. 뿐만 아니라 도덕적인 기준을 세워 사람들을 비판하고 사람들을 어루만져주고 위로한다는 명목을 내세워 존재합니다. 진정한 인간다움이 현실에서는 실현되지 않다 보니 종교가 인간다운 세상을 만들어준다는 착각을 만듭니다. 종교는 세상의 정신을 반영하기 때문에 종교에 맞서게 되면 간접적으로 세상과 맞서는 일이 됩니다.[269]

뤼즈 종교의 영향력이 강해지면 사회가 병들었다고 생각하시는데 어떤 점에서 그렇습니까?

마르크스 종교의 영향력이 비정상적으로 강해지는 것은 한편으로는 현실의 삶이 괴로워졌다는 뜻이고, 다른 한편으로는 현실의 괴로운 상황에 맞서고 싶다는 마음이 강해졌다는 뜻입니다. 억압받는 사람들은 위로를 받고 싶을 때, 냉혹한 세상에서 온기를 느끼고 싶을 때 종교를 찾습니다. 영혼이 없는 사회일수록 종교가 정신적인 지주가 됩니다. 종교는 인민의 아편입니다.[270]

뤼즈 따라서 종교의 대의를 비판하지 못한다면 종교가 인간을 소외시킨다고 비판해봐야 소용없겠군요.

마르크스 종교가 사람들에게 거짓 행복을 약속하지 말고 진짜 행복을 주라는 것입니다. 종교가 현재 상황에 대해 환상을 안겨주어서는 안 됩니다. 그러니까 종교가 사람들에게 종교를 믿음으로써 상황을 해결할 수 있다는 환상을 주어서는 안 된다는 뜻입니다. 비유적으로 설명하자면, 종교 비판이란 눈물의 계곡과 같은 힘든 상황에서 종교가 후광이 될 수 있다는 헛된 환상을 비판하는 일입니다. 종교를 비판하는 것은 쇠사슬에 붙어 있는 상상 속의 꽃들을 잡아 뽑는 일과 같습니다. 이는 인간이 환상도, 위안도 없는 쇠사슬을 걸치지 말고 쇠사슬을 벗어던져 살아있는 진짜 꽃을 잡게 하기 위해서입니다.[271]

뤼즈 종교와 같은 추상적인 것을 도피처로 삼아 거기서 위로를 받으려고만 하면 인간을 소외시키는 근본적인 원인을 고치지 못합니다. 인간의 소외를 해결하려면 어떻게 해야 합니까?

마르크스 노동자가 일을 해봐야 얻는 것이 없고 오히려 소외되었다는 느낌이 들면 사유재산화와 노예화를 부추기는 사회에서 해방되려는 노력을 하게 됩니다. 그리고 여기서 나아가 정치적인 해방 운동을 일으키게 됩니다. 노동자들은 자신들만 해방하자는 것이 아닙니다. 먼저 노동자가 해방되면 인간이 보편적으로 해방되게 됩니다. 그리고 인간이 노예처럼 예속되는 것은 노동자와 생산관계에서 그 이유를 찾을 수 있고 모든 예속 관계는 노동자와 생산관계에서 비롯된 다양한 결과에서 비롯됩니다.[272]

뤼즈 하지만 사유재산에 대한 집착, 나아가 독점적인 이기주의가 해방을 가로막는 장애물입니다.

마르크스 인간은 소유욕에 사로잡히면서 어리석고 시각이 좁아졌습니다. 그래서 어떤 대상이 마음에 들면 자신이 직접 소유해야만 진정한 자신의 것이 된다는 생각만 하게 됩니다. 소유하고자 하는 대상을 마치 자본처럼 움켜쥐려고만 합니다. 뿐만 아니라 직접 먹고 마시고 몸에 걸치고 살아야 진짜 사는 것이라는 생각이 강해집니다. 한마디로 대상을 직접 이용해야 한다는 생각에 사로잡히게 되는 거죠. 이렇게 사유재산만을 삶의 수단으로 생각하게 되면 인생은 사유재산, 노동, 축재의 의미 밖에 갖지 않게 됩니다. 모든 물리적 · 지적 의미가 사라지고 단순히 소유욕만 남게 됩니다. 이렇게 되면 인간은 자신만의 부만 쌓으려는 아주 비참한 존재가 됩니다.[273]

뤼즈 스피노자*는 소유에 대한 집착과는 반대 개념으로 다양한 경험이 있는 인생을 내세웠고 이러한 인생이 중요하다고 강조했습니다. 다양한 경험은 인간의 재능을 키워주고 발전시켜주기 때문입니다. 선생님의 공산주의적 인본주의는 스피노자의 이와 같은 생각을 어떻게 보편적으로 실천할 수 있다고 봅니까?

마르크스 사회 곳곳에서 인간이 현실을 객관적으로 인식하게 되

• Baruch De Spinoza(1632~1677). 네덜란드의 철학자. 포르투갈계 유대인 상인의 아들로 태어났다. 데카르트 철학에서 결정적 영향을 받아 "모든 것이 신이다"라고 하는 범신론汎神論의 사상을 역설하면서도 유물론자, 무신론자였다.

어 꼭 필요한 인간의 능력, 인간의 현실, 결과적으로 꼭 필요한 자기 자신의 능력을 이해하게 되면 인간은 모든 대상에 자기 자신을 투영하게 됩니다. 즉, 모든 대상이 자신의 개성을 공고히 해주고 실현하게 해 주는 대상, 온전한 자신의 대상이 되는 것입니다.[274]

뤼즈 인간이 해방되려면 과감한 투쟁이 있어야 하는데 인간이 어느 정도 해방될 것이라 보십니까?

마르크스 사유재산이 무너지면 인간은 모든 감각과 계급에서 해방되게 됩니다. 감각과 계급은 주관적이든 객관적이든 인위적인 것이기에 여기서 해방되면 완전한 해방이라 할 수 있습니다. […] 그렇게 되면 욕구나 기쁨이 이기적이지 않게 되고 일차적인 본능도 사라지게 됩니다. 그리고 인간에게 필요한 것을 추구하는 경향이 생겨나게 됩니다.[275]

뤼즈 훌륭한 철학에 대해 들려주셔서 정말로 감사드립니다. 정리하자면 선생님께서는 시각을 유물론으로 전환하시면서 진정한 현실을 연구하게 되신 거군요. 또한 선생님은 변증법적인 접근을 통해 사회에 커다란 모순이 있다는 사실을 보여주셨습니다. 억압받는 사람들의 탄식 소리에 마음 아파하시며 인간다움이 사라져가는 현실에 안타까움을 느끼셨습니다. 선생님은 급진적인 인본주의를 통해 세상을 바꾸자는 결심을 세우셨습니다. 그래서 선생님의 철학은 해방을 추구하는 철학입니다. 자본주의가 배금주의

를 강요하는 한 선생님의 철학은 계속 빛을 발하며 남아있을 것입니다.

건강 잘 챙기시고 다시 한번 감사드립니다. 마르크스 선생님. 안녕히 계십시오.

그로부터 15개월 뒤인 1883년 3월 4일, 칼 마르크스는 책상 앞에 앉은 채 세상을 떠났다. 그의 나이 65세였다.

마르크스는 건강이 악화되어 아내 제니의 죽음으로 인한 충격을 견디지 못했고, 궁핍함 삶, 끝없는 망명과 고생도 더 이상 견디지 못했다. 마르크스는 자본주의를 분석하고 투쟁을 이끌어 주는 연대 의식을 구축해 프롤레타리아 계층을 해방시키는 데 평생을 바친 인물이다.

1859년 1월 21일, 마르크스는 친구 프리드리히 엥겔스에게 편지를 썼고 『정치경제학 비판 요강』을 출판사에 보내는 데 필요한 우편료로 쓸 돈을 조금 빌려달라고 부탁했으며 다음과 같은 글도 덧붙였다.

"돈이 정말로 궁한 사람은 돈에 대해서 쓸 여유가 없을 거야. 돈에 대해 논하는 작가들은 대부분 돈 걱정이 없는 사람들이지."

이것이 마르크스의 인생, 생각, 참여였다.

편지글 아래에서는 1865년 5월 13일에 마르크스가 암살당한 아브라함 링컨에게 국제노동협회를 대신해 보내는 경의에 대해 읽을 수 있다. 국제노동협회는 마르크스가 친구 엥겔스와 함께 만든 단체다. 링컨은 암살되기 얼마 전에 노예제도 지지자들에 대항해 투쟁하는 사람들에게 편지를 보내 세계 프롤레타리아 계급이 가진 연대의식을 본받자고 호소한 바 있다.

마르크스 역시 링컨처럼 겸손한 성격이라 칭찬 받는 것을 쑥스러워 했다. 하지만 다음의 글은 마르크스의 훌륭한 인품을 잘 나타내고 있다.

"그는 역경 앞에서 쉽게 쓰러지지 않는 사람이었다. 성공에 쉽게 도취되지 않고 높은 목표를 향해 꿋꿋이 나가는 사람이었다. 무조건 서둘러 일을 그르치기보다는 느리더라도 변함없이 발전해 가는 사람이었다. 대중의 찬사에 쉽게 우쭐하지도, 대중으로부터 인기가 식어도 쉽게 실망하지 않는 사람이었다. 행동에는 절도가 있되 마음은 따뜻했고 시련이 가득한 우울한 상황을 유머 넘치는 미소로 밝혀주었던 사람이었다. 작은 일을 화려하고 거대하게 부풀려 내세우길 좋아하는 다른 지도자들과 달리 원대한 일을 오히려 우직하고 겸손하게 이룬 사람이었다. 한 마디로 선한 마음을 늘 잃지 않으면서 위대하게 된 보기 드문 인물 중 한 명이었다."

주석

1. 『1844년의 경제학 철학 수고Manuscrits de 1844』, Editions sociales, 에밀 보티젤리의 번역, 3쇄, 파리, 1962, p.120

2. 같은 책., p.120, 121.

3. 같은 책. p.121

4. 같은 책.

5. 같은 책., p.122, 123.

6. 같은 책.

7. 『헤겔 법철학 비판Critique du droit politique hégélien』, 에르나 코니오의 번역, Editions sociales, 파리, 1973, p.198.

8. 『신성 가족La Sainte Famille』, 에르나 코니오의 번역, Editions sociales, 파리, 1973, p.43

9. 『자본론Le Capital』, 1권, Editions sociales, 파리, 1967, 제 1권, p.83, 주석

10. 『철학의 빈곤 – 푸르동의 빈곤 철학에 대한 대답Misère de la philosophie. Réponse à la philosophie de la misère de M. Proudhon』, Editions sociales, Paris, 1968, p.129.

11. 『자본론』, 1권, 독일어판 초판의 서문, 위의 책., p.20.

12. 『신성 가족』, 위의 책., p.43.

13. 같은 책.

14. 『자본론』, 위의 책., 1권, 8부 33장, p.206.

15. 마르크스와 엥겔스, '공산당 선언Manifeste du Parti communiste', 『마르크스주의 선집Classiques du marxisme』, Editions sociales, 파리, 1972, p.69.

16. 같은 책., p.75.

17. 같은 책.

18. 『신성 가족』, 위의 책., p.43.

19. 같은 책., p.45.

20. 『자본론』, 위의 책., 1권, 독일어판 10쇄의 서문, 파리, 1967, p.23.

21. 같은 책.

22. 같은 책., p.24.

23. 『정치 경제학 비판Critique de l'economie politique』, 서문, Editions sociales, 파리, 1966, p.3.

24. 같은 책.

25. 『정치 경제학 비판 입문Introduction à la critique de l'économie politique』, 같은 출판사, p.165.

26. 같은 책.

27. 같은 책., p.168.

28. 같은 책., p.149.

29. 같은 책.

30. 같은 책., p.150.

31. 『자본론』, 위의 책., 1권, 1부, p.88.

32. 같은 책., p.89.

33. 같은 책.

34. 같은 책., p.20.

35. 같은 책., p.87.

36. 같은 책., p.86.

37. 같은 책., p.180-181.

38. 같은 책.

39. 같은 책.

40. '임금, 가격, 이윤Salaire, prix et profit', 『마르크스주의 선집』, Editions sociales, 파리, 1973, p.47 이하.

41. 같은 책.

42. 같은 책.

43. 같은 책., p.53.

44. '임금 노동과 자본Travail salarié et capital', 『마르크스주의 선집』, Editions sociales, 파리, 1972, p.38.

45. 『임금, 가격, 이윤』, 위의 책., p.47.

46. 같은 책., p.53.

47. 『임금 노동과 자본』, 위의 책., p.39.

48. 『자본론』, 위의 책., 1권, 2부, 6장, 1권, p.178.

49. 같은 책.

50. 『자본론』, 위의 책., 1권, 4부, 15장, 2권, p.78.

51. 같은 책., p.79.

52. 같은 책.

53. 『자본론』, 1권, 4부, 15장, 2권, p.79.

54. 같은 책.

55. 같은 책., p.90.

56. 같은 책. p.91.

57. 같은 책. p.87.

58. 같은 책. p.109.

59. 같은 책. p.112-113.

60. 같은 책.

61. 같은 책.

62. 『철학의 빈곤』 중 '자유교역에 관한 담론' 부록, Editions sociales, 파리, 1968, p.208.

63. 같은 책., p.209.

64. 같은 책., p.205.

65. 같은 책.

66. 같은 책., p.211.

67. 같은 책., p.205.

68. 같은 책., p.210.

69. 같은 책., p.211.

70. 같은 책., p.212.

71. 『공산당 선언』, 위의 책., p.39-49.

72. 같은 책.

73. 같은 책.

74. 같은 책.

75. 같은 책.

76. 같은 책.

77. 같은 책.

78. 같은 책.

79. 같은 책.

80. 같은 책.

81. 같은 책.

82. 같은 책.

83. 같은 책.

84. 같은 책.

85. 같은 책.

86. 같은 책.

87. 같은 책.

88. 같은 책.

89. 같은 책.

90. 『자본론』, 위의 책., 1권, 3부, 4장, 1권, p.259.

91. 같은 책.

92. 같은 책. p.261.

93. 『자본론』, 위의 책., 1권, 10장, p.253.

94. 마르크스와 엥겔스, 『독일 이데올로기L'idéologie allemande』, 위의 책., 제1부, 질베르 바댕의 번역, Editions sociales, 파리, 1968, p.102.

95. 같은 책.

96. 『자본론』, 위의 책., 1권, 4부, 10장, p.180,181.

97. 『공산당 선언』, 위의 책., p.47.

98. 같은 책.

99. 같은 책.

100. 같은 책.

101. 같은 책.

102. 『국제 노동자 협회의 정관Statuts de l'Association internationale des travailleurs』, 1864, 마르크스가 작성.

103. 같은 책.

104. '영국 프롤레타리아 계급에게 보내는 호소Appel au prolétariat anglais', 루이 자노베와 막시밀리앙 뤼벨의 번역, Cahiers Spartacus, B시리즈, 129호, 1984년 5-6월, 「위기 시대에 마르크스 사상을 이용하는 것에 관하여」.

105. 같은 책.

106. 같은 책.

107. 같은 책.

108. 『공산당 선언』, 위의 책., p.31.

109. 같은 책.

110. 마르크스와 엥겔스, 『독일 이데올로기』, 위의 책., 1부, p.67.

111. 같은 책.

112. 「1848년 혁명과 프롤레타리아 계급Les Révolutions de 1848 et le prolétariat」, 1856년 4월 14일, 『국민의 신문The People's Paper』 축제를 맡아 마르크스가 한 연설.

113. 『공산당 선언』, 위의 책., p.59.

114. 『자본론』, 위의 책., 1권, 4부 6장, 2권, p.161, 162.

115. 같은 책.

116. 같은 책., p.165.

117. 같은 책.

118. 같은 책.

119. 『자본론』, 위의 책., 1권, 4부, 9장, 2권, p.159 이하.

120. 같은 책.

121. 같은 책.

122. 같은 책.

123. 같은 책.

124. 『자본론』, 위의 책., 1권, 3부, 10장, 2권, p.159-190.

125. 같은 책.

126. 같은 책.

127. 같은 책.

128. 국제 노동자 협회, 발티모어 회의, 1866.

129. 국제 노동자 협회가 아브라함 링컨에게 보내는 편지, 마르크스 작성.

130. 같은 책.

131. 같은 책.

132. 『자본론』, 위의 책., 1권, 1부, p.295.

133. 같은 책., p.296.

134. 『프랑스에서의 계급 투쟁Les luttes de classe en France』, Editions sociales, 파리, 1970, p.113 이하.

135. 『프랑스 내전La Guerre civile en France』, Editions sociales, 파리, 1972, p.38-62.

136. 같은 책.

137. 같은 책.

138. 같은 책.

139. 같은 책.

140. 같은 책.

141. 같은 책.

142. 같은 책.

143. 같은 책.

144. 같은 책.

145. 같은 책.

146. 같은 책.

147. 같은 책.

148. 같은 책.

149. 같은 책.

150. 같은 책.

151. 같은 책.

152. 같은 책.

153. 같은 책.

154. 같은 책.

155. 같은 책.

156. 같은 책.

157. '유대인 문제La Question juive', 『10-18』 컬렉션, J.-M 팔미에의 번역, 파리, 1968, UGE, p.38 이하.

158. 같은 책.

159. 같은 책.

160. 같은 책.

161. 같은 책.

162. 마르크스와 엥겔스, 『독일 이데올로기』, 위의 책., 1부, p.93 이하.

163. 같은 책., p.96.

164. 같은 책.

165. 같은 책.

166. 같은 책.

167. 같은 책.

168. 마르크스와 엥겔스, 『독일 이데올로기』, 위의 책., 3부, p.276-281.

169. 『자본론』, 위의 책., 첫번째 책, 1권, p.178, 179.

170. 같은 책., p.179.

171. 『유대인 문제』, 위의 책., p.38 이하.

172. 같은 책.

173. 같은 책.

174. 같은 책.

175. 같은 책.

176. 같은 책.

177. 『헤겔 법철학 비판』, 위의 책. p.197 이하.

178. 『공산당 선언』, 위의 책. p.49.

179. 같은 책., p.69.

180. 같은 책.

181. 같은 책.

182. 같은 책.

183. 같은 책., 『국제 노동자 협회의 총회의 청원Adresse du Conseil général de l'Association internationale des travailleurs』을 참조할 것.

184. 같은 책.

185. 『공산당 선언』, 위의 책., p.49.

186. 「인민 헌장 지지당에 관한 연설Discours sur le parti chartiste」, 「독일과 폴란드 l'Allemagne et la Pologne」, 1847년 12월 9일.

187. 『공산당 선언』, 위의 책., p.62.

188. 같은 책.

189. 『자본론』, 위의 책., 1권(상), 1권, p.90.

190. 같은 책.

191. 마르크스와 엥겔스, 『독일 이데올로기』, 위의 책., 1부, p.63 이하.

192. 같은 책.

193. 같은 책.

194. 같은 책., p.64.

195. 같은 책., p66, 67.

196. 「에피쿠로스 철학: 연구 노트Philosophie épicurienne : cahiers d'étude」, 5권, 3
편: 철학, 막시밀리앙 뤼벨이 루이 에브라르와 루이 자노버와 협력해 편
찬한 판본, 『플레야드 총서』, Editions Gallimard, 파리, 1982, p.853.

197. 같은 책., 7권, p.860.

198. 같은 책., p.861.

199. '데모크리토스와 에피쿠로스 자연 철학의 차이Différence de la philosophie
naturelle chez Démocrite et chez Epicure', 3편: 「철학」, 위의 책., p.14,15.

200. 같은 책.

201. 『쾰른 저널Journal de Cologne』의 머리기사(179호), 3편: 「철학」, 위의 책.,
p.212.

202. 같은 책.

203. 『신성 가족』, 위의 책., p.73-75.

204. 같은 책.

205. 같은 책.

206. 같은 책.

207. 같은 책.

208. 같은 책., 서문, p.13.

209. 같은 책., p.107,108.

210. 마르크스와 엥겔스, 『독일 이데올로기』, 위의 책., p.56,57.

211. 『1844년의 경제학 철학초고』, 위의 책., 세번째 원고, p.126.

212. 같은 책.

213. 『자본론』, 위의 책., 1권, 독일 재판본의 서문, p.29.

214. 같은 책.

215. 같은 책.

216. 『1844년의 경제학 철학초고』, 에밀 보티젤리의 개정판 번역, 세번째 원고,

Editions sociales, 파리, 1962년, p.132.

217. 같은 책., p.144.

218. 같은 책., p.145.

219. 같은 책., p.141.

220. 마르크스와 엥겔스, 『독일 이데올로기』, 위의 책., p.51.

221. 같은 책.

222. 같은 책.

223. 같은 책.

224. 같은 책.

225. 『쾰른 저널』의 머리기사(179호), 3편 : 철학, 위의 책., p.212.

226. 『포이어바흐에 관한 논문Thèses sur Feuerbach』, 다섯번째 논문, 『독일 이데올 로기』 중에서, 위의 책., p.31-34.

227. 『정치경제학 비판 요강Contribution à la critique de l'économie politique』, 서 문, p.4,5, 모리스 위송과 질베르 바디아의 번역, Editions sociales, 파리, 1966.

228. 같은 책.

229. 같은 책.

230. 마르크스와 엥겔스, 『독일 이데올로기』, 위의 책., p.57.

231. 같은 책., p.58.

232. 같은 책., p.45.

233. 같은 책., p.69.

234. 같은 책., p.70.

235. 같은 책., p.70.

236. 마르크스, 『루이 나폴레옹 보나파르트의 브뤼메르 18일Le Dix-Huit Brumaire de Louis Napoléon Bonaparte』, Editions sociales, 파리, 1976, p.15,16.

237. 같은 책.

238. 마르크스와 엥겔스, 『독일 이데올로기』, 위의 책., p.91.

239. 같은 책., p.90.

240. 같은 책.. p.50.

241. 같은 책.

242. 같은 책., p.75.

243. 『포이어바흐에 관한 논문』, 세번째 논문, 『독일 이데올로기』 중에서, 위의 책., p.32.

244. 『포이어바흐에 관한 논문』, 열번째 논문, 『독일 이데올로기』 중에서, 위의 책., p.34.

245. 『신성 가족』, 에르나 코니오의 번역, Editions sociales, 파리, 1973, p.157.

246. 같은 책.

247. 같은 책., p.230.

248. 같은 책., p.231.

249. 『1844년의 경제학 철학초고』, 위의 책., p.86.

250. 같은 책., p.127.

251. 『신성 가족』, 위의 책., p.46,47.

252. 같은 책.

253. 『1844년의 경제학 철학초고』, 위의 책., p.12.

254. 같은 책., p.55.

255. 같은 책.

256. 같은 책., p.57.

257. 같은 책.

258. 같은 책.

259. 같은 책., p.57, 58.

260. 같은 책., p.59, 60.

261. 같은 책., p.60.

262. 같은 책.

263. 같은 책., p.60,61.

264. 같은 책., p.61,62.

265. 같은 책., p.63.

266. 같은 책., p.59.

267. 같은 책., 세번째 원고, p.94.

268. 같은 책., p.93,94.

269. 『헤겔 법철학 비판』, 위의 책., p.197 이하.

270. 같은 책., p.197,198.

271. 같은 책.

272. 『1844년의 경제학 철학초고』, 위의 책., p.91.

273. 같은 책.

274. 같은 책.

275. 같은 책., p.92.

감사의 글

우선, 이 원고를 세심하게 읽고 우정 어린 논평을 해 준 담당 편집자 장 클로드 시모엥에게 진심으로 감사의 말을 전한다. 이 책이 나올 수 있었던 것은 순전히 담당 편집자 덕분이다. 또한 나의 영원한 친구 피에르 게낭시아, 르네 플로, 장 폴 스코, 브뤼노 스트레프 그리고 형 모리스 페나-뤼즈에게도 감사하다는 말을 전한다. 나는 두 사람과 지속적으로 대화하면서 생각을 넓히고 텍스트를 다듬을 수 있었다.

그 다음으로 마르크스의 저서에서 고른 발췌 부분을 읽기 쉽게 다듬어 준 Editions sociales 출판사에게 감사의 인사를 전한다. 지금도 그 출판사는 칼 마르크스와 프리드리히 엥겔스의 저서를 훌륭하게 다듬어 출판하여 우리에게 내놓는다. 또한 우리 시대 독자들이 두 철학가의 중심사상을 대중적으로 이해할 수 있도록 유익한 책으로 펴내고 있다.

앙리 페나 뤼즈

칼 마르크스 연보

1818
5. 5
독일 라인란트 주 트리어Tréves에서 유대인 변호사 하인리히 마르크스와 헨리에 타 폰 프레스부르크 사이에서 7남매 중 첫째 아들로 태어남. 그의 집안은 랍비 와 상인을 배출한 유대인 가문이었으나 그가 태어나기 전 부친은 개신교로 개 종함.

1824
8. 26
형제들과 함께 루터교 세례를 받음.

1830
트리어의 프리드리히 빌헬름 김나지움에 입학.

1835
10. 15
본 대학에 입학, 법학을 연구하기 시작함.

1836

8

본 대학 졸업.

비밀리에 어린 시절 친구 예니 폰 베스트팔렌Jenny von Westphalen과 약혼함.

파리에서 의인동맹ligue des justes 결성.

10

베를린 대학 법학부의 입학 허가를 받음. 자비니에게서 법학을, 헤겔파에 속하던 간스에게서 형법을, 슈테판스에게서 인류학 수업을 들음.

1837

법학 연구에 매진하면서도 철학과 역사 강의도 들음. 헤겔 학파의 학자들과 작가들의 모임인 '박사클럽Doktorklub'에서 바우어, 쾨펜, 루텐베르크 등과 친교를 맺음. 이때 마르크스는 시를 쓰며 소설가와 극작가로서 자신을 시험해 보기도 함.

예니와의 약혼을 공식적으로 발표함.

1838

부친 사망.

1841

1. 23

첫번째 출판물인 「황야의 서정시Wilde Lieder」를 『아테네움Atheneum』 신문에 발표.

4. 15

마르크스가 자신의 박사 학위 논문 「데모크리토스와 에피쿠로스의 자연철학의 차이」를 예나 대학에서 발표하고 박사학위를 취득함.

포이어바흐의 『기독교의 본질』을 알게 되고 스피노자의 작품에 대한 발췌 노트를 작성함.

1842

10. 15

마르크스가 『라인 신문』의 실질적 편집장이 되다. 쾰른에 정착. 공산주의적 경향을 지닌 『라인 신문』을 공격한 아우구스부르크의 『알게마이네 자이퉁』에 답신을 보내면서 처음으로 푸리에, 콩시데랑, 프루동의 이름을 언급함.

11

프리드리히 엥겔스가 영국으로 가던 도중 『라인 신문』의 편집국을 방문하나 마르크스와 엥겔스의 첫 만남은 신문 통신원들의 성격 탓에 그리 충실치 못했음.

12

마르크스가 프로이센의 국가제도를 비판하고 프랑스, 영국과 프로이센의 토지 소유주들의 조세 상황을 상호 비교함.

1843

1~3

러시아 절대주의에 대항한 과격한 기사 때문에 러시아 황제가 프로이센 정부에 『라인 신문』을 폐간할 것을 요청하고 결국 『라인 신문』은 3월 31일에 폐간됨. 그 전에 마르크스는 신문사를 떠나 네덜란드로 감.

5

마르크스가 루게와 함께 『독불연보』의 발간을 의논하기 위해 드레스덴으로 감.

6. 19

마르크스가 바드 크로이츠나흐에서 예니 폰 베스트팔렌과 결혼함.

10. 11

마르크스와 예니가 파리에 도착하다.

12

파리에서 하인리히 하이네와 친해짐. 『헤겔 법철학 비판』에 대한 에세이를 작성.

1844

2

『독불연보』의 첫 호가 파리에서 출간됨.

4

『독불연보』에 발표한 논설에 대하여 프로이센 정부가 반역죄와 불경죄로 마르크스에 대한 체포장을 발행함. 마르크스가 '의인동맹'의 구성원들과 접촉하고 노동자 집회를 방문함.

5

장녀 예니Jenny 출생.

7~12

마르크스가 여러 차례 프루동과 만남. 주로 헤겔 변증법에 관한 토론을 하였으며 후에 이 토론에 바쿠닌도 참여함.

8. 28

엥겔스가 파리로 마르크스를 방문함.

1845

1~3

프랑스 정부가 프로이센 정부의 압력으로 마르크스에게 추방을 명령함. 마르크스는 2월에서 3월 사이에 브뤼셀에서 체류함. 그 기간 동안 경제학을 연구함.

4~8

엥겔스가 브뤼셀에 체류함. 이 시기부터 마르크스가 죽을 때까지 이어진 우정과 정신적 협력이 시작됨.

엥겔스가 5월에 『영국 노동자 계급의 상태』를 발표함.

12. 1

마르크스가 프로이센 국적을 포기함.

1846

1~2

마르크스와 엥겔스가 공산주의자 통신망 창설을 주도함.

5

마르크스가 프루동에게 통신위원회 조직에 가입하도록 권유하지만 프루동은 이에 대해 거부함.

1847

1~2

『철학의 빈곤Misère de la philosophie』 저술함.

6

런던에서 열린 공산주의자 동맹 1차 회의에 엥겔스가 참석함. 마르크스는 금전적 이유로 불참. 대회 규약 초안에서 "만국의 프롤레타리아여, 단결하라"라는 구호를 내세움. 『철학의 빈곤』 간행(6.15).

8

마르크스가 공산주의자 동맹 브뤼셀 지부 대표로 선출됨.

11. 29

런던에서 공산주의자 동맹 2차 회의가 열림. 마르크스가 엥겔스에게 『공산당 선언』의 작성을 위임함.

1848

2

『공산당 선언』을 탈고하고 런던으로 발송한 후 런던으로 출발.

프랑스에서 2월 혁명 발발.

3

프랑스 임시정부로부터 귀환 초대를 받음. 더불어 벨기에 국왕의 추방 명령으로 인해 마르크스는 가족과 함께 파리로 출발함.

파리에서 벨베크, 보른슈테트 등 독일인 망명자로 이루어진 무장단을 결성해 독일로 진격할 것을 제안하지만 이에 대해 반대하고 개인 자격으로 독일로 귀국할 것을 제안함.

4

엥겔스와 함께 마인츠를 경유하여 쾰른으로 향함. 그곳에서 6월에 『신라인 신문』창간을 준비함.

6~7

민주주의 기관지로서『신라인 신문』창간. 마르크스는 이 신문을 통해 80편 이
상의 논설을 집필함.

9. 26

쾰른에 계엄령이 선포되고『신라인 신문』이 장기 휴간됨.

11

마르크스가 '노동자 연맹'의 지도를 맡음. 계엄령이 해제되고『신라인 신문』이
다시 발행됨.

1849

2

『신라인 신문』이 시 당국을 모욕했다는 혐의로 고소를 당함. 마르크스가 쾰른
의 법정에서 변호함. 마르크스에 대한 무죄 판결이 내려짐.

5. 6

마르크스가 프로이센 정부로부터 추방 명령을 받음.

5. 18

『신라인 신문』마지막 호가 발행됨. 엥겔스와 함께 라인 지방의 많은 도시를 여
행함.

6. 3

마르크스가 파리에 도착하여 각종 민주주의 단체나 노동자 단체와 연락함.

8. 24

마르크스가 파리를 떠나 런던으로 감. 이후 런던에서 독일 망명자 후원을 위한
활동에 종사.

1850

3

엥겔스와「공산주의자동맹 중앙위원회의 동맹원에 대한 호소(3월 회람장)」를

발표.

4

공산주의자동맹의 재조직을 고려하며 마르크스와 엥겔스는 파리 코뮌에 대한 개요를 서술함.

1851

런던 대영박물관 도서관에서 경제학, 토지 소유에 대한 연구 몰입.

12

하이네의 파리 비서 라인하르트로부터 루이 나폴레옹의 쿠데타에 대한 통지를 받음. 이 이후 「루이 보나파르트의 브뤼메르 18일」 집필을 시작.

1852

4. 14

딸 프란치스카의 죽음.

5

뉴욕의 『혁명』지에 「루이 보나파르트의 브뤼메르 18일」이 발표됨.

10. 4~11. 12

쾰른에서 공산주의자 동맹원에 대한 재판. 이 사건에 대해 『쾰른 공산주의자 재판의 진상』을 저술하고 프로이센 정부를 비판. 그러나 동맹은 사실상 해체됨.

1853

영국에서 바쿠닌에 대한 스파이설이 도는 것에 대해 마르크스는 바쿠닌을 옹호하며 이를 부정함. 이 해에 마르크스는 『뉴욕 데일리 트리뷴』지에 60여 편의 논문을 발표함.

1854

1

뉴욕에서 마르크스의 「고매한 의식의 기사」라는 팜플렛이 출판됨.

6. 24

『뉴욕 데일리 트리뷴』지에 크림 전쟁에 대한 일련의 논설 발표. 그 중 하나는 마르크스가 뻔뻔한 모험가라고 묘사한 르르와 드 생타르노 장군의 일대기에 관한 것이었음.

10~12

스페인 현대사를 연구하며 샤토브리앙에 대하여 비판함. 브레슬라우에서 발행되는 진보적 신문인 『신오데르 신문』의 통신원이 됨.

1855

「화폐제도 · 신용제도 · 공황」을 『신데오르 신문』에 집필. 이 해에만 마르크스는 『신데오르 신문』에 100여 편의 논설을 발표함.

경제학 연구에 관한 「참조사항」을 작성.

1856

이 해에 마르크스는 유럽의 경제공황에 대한 논설들을 『뉴욕 데일리 트리뷴』에 게재.

1857

유럽을 덮친 경제공황을 관찰하고 드디어 경제연구에 몰두, 논문을 발표하다.

1860

프로이센의 군제개혁 및 이탈리아 통일전쟁에 대한 논설 집필.

『포크트 씨』 간행(12월).

1861~65

미국 남북전쟁에 관한 논설들 집필.

1864

에이브라함 링컨이 미국 대통령으로 당선되자 국제노동자협회 중앙평의회를 대표하여 「건의서Adresse」를 보냄.

1866

『자본론Das Kapital』 제1부 초판 원고 집필 .

1867

9. 14

함부르크 마이스너 출판사에서 『자본론』 1부를 천 부 출판.

1871

5. 13

파리 코뮌에 대한 「제3선언」. 이는 후에 『프랑스 내전』으로 정리됨.

1871~1873

『자본론』 제1부 독일어판의 개정 작업.

1872

3

『자본론』 러시아어판이 상트페테르부르크에서 출판되다.

『자본론』 제1부 독일어판 2판 출판.

『자본론』 제1부 프랑스어판 출판.

1873

사회민주동맹과 국제노동자협회라는 보고서에서 엥겔스와 함께 바쿠닌을 공격.

1877

『자본론』 제2부 제5고, 제6고 집필.

1878

『자본론』제2부 제7고 집필.

1880~81

『자본론』제2부 제8고 집필.

1881

12. 2

부인 예니 사망.

1882~83

『자본론』제1부 독일어판 제3판을 위한 개정 작업.

1883

1. 11

장녀 예니 사망.

3. 14

런던에서 사망.

경제학 전공자나 경제 전문가가 아니더라도 사회주의와 공산주의의 창시자인 마르크스는 누구나 한 번쯤 이름을 들어 본 매우 친근한 인물일 것이다. 하지만 마르크스와 마르크스의 사상에 대해 제대로 알고 있는 사람은 과연 얼마나 될까? 정확히 말하면 마르크스의 사상에 관한 책을 제대로 읽어 본 사람은 과연 얼마나 될까? 나역시 마르크스에 대해 잘못된 편견을 가진 사람 중 하나였다. 아마도 많은 한국인들 역시 마르크스에 대해 막연한 편견을 갖고 있을 것이라 생각한다.

한국은 공산주의를 내세운 북한과 여전히 대치하고 있으며 미국식 자본주의를 받아들이고 있는 국가다. 한국전쟁을 겪은 부모님 세대는 당연히 반공사상이 강하고 내가 속한 세대도 초등학교부터 반공 교육을 받았다. 아마도 많은 한국인들은 '공산주의＝공산당＝북한'이라는 공식을 떠올릴 것이고, 많은 경우 사회주의와 공산주의를 혼동하고 있다. 하지만 북한, 중국, 러시아 등 소위 '공산주의 국가'라 불리는 나라들이 과연 마르크스가 주창했던 공산주의를 제대로 실현하고 있는 것일까?

이에 대해서 단호하게 '아니다'라고 대답할 수 있다. 북한, 중국, 구소련은 마르크스의 공산주의를 교묘히 왜곡하고 그것을 이용해 독재 정치를 하는 국가, 그 이상도 그 이하도 아니다. 나도 한때는 '마르크스' 혹은 '마르크스 사상'을 들을 때면 그동안 받아왔던 반공 교육의 영향과 북한에 대한 부정적인 감정으로 왠지 거부감이 들었던 적이 있었다.

하지만 이런 내게 변화가 온 것은 프랑스 월간지 『르몽드 디플로마티크Le Monde diplomatique』한국어판의 번역팀에서 번역을 맡으면서부터다. 본 월간지의 기사들 가운데 마르크스의 『공산당 선언』 발췌문, 마르크스 사상에 관해 분석하는 서평 기사 등을 번역하면서, 번역을 위해 여러 책과 자료를 찾아보면서 마르크스와 마르크스 사상에 대해 내가 그동안 얼마나 무지했고 잘못된 시각을 가지고 있는지 알게 되었다. 그리고 마침 이번 책 『돈이 왕이로소이다』를 번역하면서 그가 진정으로 추구했던 이상과 사상이 무엇인지를 자세히 알게 되는 뜻 깊은 기회를 갖게 되었다.

마르크스가 주창한 공산주의는 독재를 절대로 옹호한 적이 없다. 오히려 그 반대로 마르크스는 인간과 국가가 저지르는 모든 독점, 자본가들의 탐욕, 자본의 착취, 종교적인 광신에 반대하고 인간이 인간으로서 제대로 된 대접을 받으며 살아가는 인간다운 사회를 꿈꾸었다. 어떻게 보면 마르크스의 사상은 매우 이상적인 사회를 꿈꾸는 사상이라 할 수 있다. 최근 미국의 서브프라임 사태를 시작으로 한국을 비롯한 전 세계가 저성장의 늪으로 빠져들고 있다. 이번 경제 위기는 자본주의의 모델이 어떠한 한계를 가지고 있으며 그동안 금융과 엘리트층이 얼마나 탐욕적이었는지를 보여준다는 점에서 새로운 경제 모델의 대안을 필요로 하고 있다. 이제야말로 자본주의의 폐해와 한계를 이미 오래전부터 지적한 마르크스의 사상에 다시 주목해야 할 때이다. 물론 세상은 단순하지 않다. 자본주의의 한계가 극에 도달했으니 공산주의로 회귀하자는 극단적인 주장은 위험할 수 있다. 자본주의도, 사회주의도, 공산주의도, 그 어느 것도 100% 완전한 모델은 없다. 각각 장점과 단점을 갖고 있기에 오히려 장점들을 아우르는 절충적인 새로운 경제 모델이 등장할 시점인 듯하다.

이 책은 인터뷰 형식으로 되어 있어서 일반 독자들이 마르크스의 사상에 대해 쉽게 이해할 수 있을 것이다. 이는 저자가 문학적 감성이 풍부한 진보적 학자임을 느끼게 한다. 생전의 마르크스와 오늘의 저자가 만나서 인터뷰가 이루어지는 '상상의 형식'은 사회과학적 성격이 강한 이 책의 내용에 견주어 본다면 매우 참신한 글쓰기 형식이라 할 수 있고, 저자의 문학적 상상력을 함께 엿보게 한다. 하지만 이 책의 특장이자 강점은 인터뷰의 모든 대화문들이 마르크스의 원전에 철저하고 마르크스의 생전의 삶을 충실히 반영하고 있다는 사실이다.

인간이 인간답게 살 수 있는 정의로운 사회를 추구했던 마르크스의 사상이 북한과 구소련 같은 독재 국가의 지도자들의 왜곡으로 여전히 억울한 편견 속에 갇혀 있다. 마르크스는 지금과 같은 시대를 미리 예견한 통찰력 있는 인물이다.

『돈이 왕이로소이다』는 우리 사회가 안고 있는 독과점 자본주의의 한계로 인한 문제, 도구로 전락한 인간들의 피폐한 상황 등에 대해 진지하고 깊이있게 생각하는 기회를 마련해 줄 것이다. 인간답고 정의로운 사회를 만들고 싶다면 우선 시민 한 명 한 명이 세뇌에서 벗어나 똑똑해져야 한다고 생각한다.

이를 위해서는 오늘과 같은 소위 신자유주의의 세계 자본주의 체제 아래서 한국 사회가 안고 있는 근본적인 문제점을 이해할 필요가 있다. 『돈이 왕이로소이다』는 이에 대해 훌륭한 안내자가 되어 줄 수 있다고 생각한다.

결코 쉽지 않았던 이 책의 번역 및 편집에 있어서 원서보다 더 풍부하고 심도있는 한국어판을 만들기 위해 정성을 들인 솔출판사의 수고에 감사드린다.

2014년 8월

이주영

돈이 왕이로소이다
마르크스와의 인터뷰

1판 1쇄 인쇄 2014년 9월 3일
1판 1쇄 발행 2014년 9월 22일

지은이   앙리 페나 뤼즈
옮긴이   이주영
펴낸이   임양묵
펴낸곳   솔출판사
책임편집   임우기
편집 디자인   이주영
제작관리   황지영

주소   서울시 마포구 서교동 342-8
전화   02-332-1526~8
팩시밀리   02-332-1529
홈페이지   www.solbook.co.kr
이메일   solbook@solbook.co.kr
출판등록   1990년 9월 15일 제10-420호

ISBN   978-89-8133-137-5 03300